Meg-John Barker & Jules Scheele
Sexualität: Ein illustrierter Leitfaden

UNRAST

Über die Autor*innen:

Meg-John Barker ist Autor*in vieler bekannter Bücher über Sexualität, Geschlecht und Beziehungen und greift dabei sowohl auf seine*ihre eigene Forschung als auch therapeutische Praxis zurück.

Jules Scheele ist Illustrator*in, Comickünstler*in und graphische Schreiber*in. Seine*ihre Themen sind dabei insbesondere psychische Gesundheit, Queer-Sein, Aktivismus und Gemeinschaft.

Sexualität

Ein illustrierter Leitfaden

Meg-John Barker & Jules Scheele
aus dem Englischen von Tadzio Müller

UNRAST

Bibliografische Information der Deutschen Bibliothek
Die Deutsche Bibliothek verzeichnet diese Publikation in der Deutschen Nationalbibliografie; detaillierte bibliografische Daten sind im Internet über http://dnb.de abrufbar.

Meg-John Barker, Jules Scheele
Sexualität
Ein illustrierter Leitfaden
1. Auflage, Oktober 2022
ISBN 978-3-89771-346-8

www.unrast-verlag.de – kontakt@unrast-verlag.de
Mitglied in der assoziation Linker Verlage (aLiVe)

Icon Books Ltd, Omnibus Business Centre,
39–41 North Road, London N7 9DP
email: info@iconbooks.com
www.iconbooks.com
Sexuality – A Graphic Guide

Übersetzung: Tadzio Müller
Umschlag: Felix Hetscher
Satz: UNRAST Verlag, Münster
Druck: Multiprint, Kostinbrod

INHALTSVERZEICHNIS

SEXUALITÄT: SICH MIT DEN ÄNGSTEN KONFRONTIEREN

Sex wird uns mit dem Versprechen enormen Vergnügens, Befreiung oder Selbsterkenntnis verkauft – und wird selbst dazu benutzt, uns alles Mögliche zu verkaufen.
Es ist aber auch ein Thema voller verwirrender Prioritäten, Widersprüche und Gefahren.
Obwohl Sex in unserer Kultur allgegenwärtig ist, wissen die meisten von uns nur sehr wenig darüber, unter anderem wegen:

- des Stigmas, offen über Sex zu sprechen – sogar mit Menschen, mit denen wir Sex haben
- unserer Ängste vor der Aufklärung von Kindern über ihre Sexualität und Sexualität im Allgemeinen
- des sehr begrenzten Verständnisses von Sex und Sexualität, das in den Mainstream-Medien, bei Therapeut*innen oder in Sexualberatungen vorherrscht.

Jetzt schon den perfekten Strandkörper haben
Länger härter bleiben mit diesem neuen
Rote Karte für sexuelle Belästigung
Was geht?
Ich hab ihm Nacktbilder geschickt, und alle haben sie gesehen. Jetzt hab ich Angst, in die Schule zu gehen.
Sind Sie sexsüchtig?
Immer mehr homophobe Gewalt
Kultur-anthropologin GAYLE RUBIN
Unsere Kultur zieht eine sich immer wieder verschiebende Linie zwischen sexueller Ordnung und Chaos. Sollte irgendetwas in der Lage sein, diese Linie zu überqueren, bekommen wir Angst davor, dass die Mauer zwischen uns und ›bösem Sex‹ bröckelt und etwas Unaussprechliches hindurchrutschen wird.

SEXUELLE ANGST UND SCHAM

Obwohl Sex allgegenwärtig ist, bleibt er ein Tabu. Die meisten von uns verspüren Angst, Verlegenheit und Scham, wenn es um unsere erotischen Begierden und Wünsche, unsere Körper und Attraktivität geht, und für die Art und Weise, wie wir Sex haben - oder nicht haben.

Was, wenn er meinen Körper hasst? Wenn wir anfangen und ich feststelle, dass ich gar nicht will?
Was werden meine Freunde denken, wenn ich heute Abend niemanden flachlege? Wenn ich keinen hochkriege? Wie weiß ich, dass sie allem zustimmt, was passiert?
Was bedeutet es, dass ich mich zu ihnen hingezogen fühle? Entwertet das meine ganze Identität? Werde ich meine Community verlieren?
WAFF
Was, wenn ich nicht normal bin?
Wie kann ich ihr sagen, dass ich keine sexuelle Anziehung verspüre? Wird sie mich dann zurückweisen? Ich will wirklich mit ihr zusammen sein.

Unsere Sexualität wird oft als ein wesentlicher Aspekt unserer Identität angesehen - sie offenbart Wahrheiten über uns, deren Bedeutung weit über unser Sexualverhalten hinausgeht. Wir fürchten uns zu entdecken, dass wir sexuell unnormal oder dysfunktional sind und dass dies bedeuten könnte, dass irgendwas an uns grundlegend falsch oder schlecht ist.

Es ist völlig verständlich, dass wir uns im Zusammenhang mit Sexualität ängstlich, beschämt oder verwirrt fühlen. Immer noch werden Menschen getötet, inhaftiert, aus ihren Familien und sozialen Zusammenhängen verstoßen, medizinisch oder psychologisch pathologisiert und stigmatisiert, schikaniert und diskriminiert, weil sie die ›falschen‹ sexuellen Wünsche haben, mit den ›falschen‹ Menschen oder zur ›falschen‹ Zeit Sex haben. Unsere Wünsche auszuleben ist mit enormen Kosten verbunden, genauso, wie sie nicht auszuleben. Außerdem ist Sex oft verbunden mit unserem Wunsch nach Liebe und Zugehörigkeit, sowie unseren Ängsten vor Schmerz und Ablehnung.

VERGNÜGEN UND POTENZIALE

Unsere Sexualität kann aber auch der Weg zu Genuss, Freude, Erfolg und/oder Befreiung sein.

- Sex kann eine der aufregendsten und wundervollsten, vielleicht sogar transzendenten, Erfahrungen sein, die ein Mensch machen kann
- Sexuell attraktiv und begehrenswert zu sein, bringt oft Macht und Erfolg mit sich
- Sex bietet die Möglichkeit einer tiefen, intimen Verbindung mit einem anderen Menschen: so gesehen und dafür gewollt zu werden, wer und wie wir sind
- Sexuelle Anziehungskraft kann eine zentrale Komponente in der Ekstase des ›sich Verliebens‹ und eine Partnerschaft eingehen sein.

- Unsere sexuellen Begierden können viel über unser Innenleben verraten
- Sexuelle Freiheit kann mit persönlicher und politischer Befreiung verbunden sein
- Durch unsere sexuellen - oder asexuellen - Identitäten und gemeinsamen Erfahrungen können wir Gemeinschaft mit und Zugehörigkeit zu Gleichgesinnten finden
- Sich zu seiner Sexualität - oder Asexualität - zu bekennen und offen damit umzugehen, kann ein wichtiger Weg sein, authentisch, wahrhaftig und stolz zu sein.

VERSCHIEDENE BEDEUTUNGEN VON SEXUALITÄT

Sexualität bezieht sich sowohl auf das Geflecht **sozialer** Bedeutungen, die unsere Kultur, unsere Gesellschaft dem Sex anheftet, und unsere zutiefst persönliche **individuelle** Erfahrung des Erotischen.

Sexualität ist ein **gesellschaftliches Konstrukt**: Unsere Gesellschaft entwickelt und vermittelt durch Medien, Gesetze, Bildung, Medizin und Wissenschaft klare Vorstellungen darüber, was überhaupt ›sexuell‹ ist, welche sexuellen Verhaltensweisen akzeptabel sind, und welche nicht, und was es bedeutet, eine bestimmte Sexualität zu haben. Gleichzeitig verfügen wir alle über eine gelebte Erfahrung von Sexualität, die unseren Körper, unsere Gefühle und unser Verlangen beinhaltet, und unsere Beziehungen und unser weiteres Leben prägt. Sexualität findet sowohl in uns als auch in der Welt statt. Wie wir unsere Sexualität und die der anderen sehen, bestimmt, welche erotischen Erfahrungen uns offenstehen. Menschen machen unterschiedliche Erfahrungen und können sich dem dominanten Narrativ über Sexualität widersetzen und können so die schrittweise Veränderung kultureller Normen mitbeeinflussen.

Zur Sexualität gehört viel mehr, als ›nur‹ Sex zu haben. Sie umfasst auch unsere Fähigkeit, sexuelle Gefühle zu empfinden, die Art von Menschen, zu denen wir uns hingezogen fühlen, und die Art und Weise, auf die wir uns zu ihnen hingezogen fühlen; außerdem, wie wir uns selbst identifizieren, und wie andere uns einordnen.

Wow, die beiden gehen richtig ab: ein grandioser Kuss, und schon fliegen die Oberteile. Bleiben Sie dran, um zu sehen, ob dieses junge Paar das volle Programm durchzieht.
Hmm
Ich hab keine Lust auf dieses Spiel
Begleithund

INTERSEKTIONALE SEXUALITÄT

Sexualität kann nicht von anderen gesellschaftlichen Strukturen und unserer Position innerhalb dieser Strukturen getrennt werden. Die Art und Weise, wie Sexualität funktioniert - und wie wir sie erleben - ist untrennbar verbunden mit: Geschlecht, ›Race[1]‹, Klasse, Behinderung, Nationalität, ethnischer Zugehörigkeit, Alter, Generation, geografischer Lage, Glauben und mehr.[2]

Als junge, weiße, heterosexuell gelesene Frau wird von mir erwartet, dass ich mich daran erfreue, für Männer begehrenswert zu sein, und dass ich mit meinem männlichen Partner Sex habe, um sein Interesse an mir zu erhalten.
Behinderte Menschen werden oft so behandelt, als seien sie nicht begehrenswert und asexuell. Ich bin nicht asexuell, weil ich behindert bin. In meinem Fall ist es so, dass ich sowohl behindert bin, als auch asexuell. Und weder das eine, noch das andere hindert mich daran, liebevolle Partner*innen haben zu wollen.
Als ich an die Uni kam, wurde von mir erwartet, dass ich einer Studentenverbindu beitreten würde. Um beizutreten, musste ic sexuelle Dinge mit ander Jungs machen, aber auc klarstellen, dass ich nic schwul war. Das war ziemlich verwirrend.
Begleit-hund
Schwarze Frauen werden schon lange als hypersexuell und dominant fetischisiert und behandelt. Selbst in der lesbischen Community gehen viele davon aus, dass ich diesen Stereotypen entspreche.

Kimberlé Crenshaw

1. Es gibt nur eine menschliche Rasse. Wir verwenden hier den englischen Begriff, weil dabei die soziale/kulturelle/politische Konstruiertheit dieser Kategorie stärker im Bewusstsein ist.

2. Vielen Dank an Kimberlé Crenshaw und all die intersektionalen Feminist*innen und ›critical race‹-Theoretiker*innen, die im Laufe der Jahre auf diese Tatsache hingewiesen haben.

UNSERE REISE ZUR SEXUALITÄT

Um Sexualität wirklich zu verstehen, müssen wir uns mit unseren gesellschaftlichen und individuellen Gespenstern, Monstern und Dämonen auseinandersetzen. Dieses Buch soll ein freundlicher Leitfaden durch dieses potenziell beängstigende, unsichere Gelände sein.

Wie kam es dazu, dass es so wichtig ist, großartigen Sex zu haben, und warum produzieren die meisten Botschaften darüber, wie man großartigen Sex haben kann, genau den gegenteiligen Effekt?
Die Erfindung von Sex
Sexuelle Identität
Der Sexakt
Sexuelle Begierden
Erotische Beziehungen
Wie Sex funktioniert
Konsens
Future Sex
Thinking Sex
Warum ist es für unser Selbstverständnis so wichtig, zu wem wir uns hingezogen fühlen, und ist das wirklich eine gute Idee?
Warum müssen diejenigen von uns, die eine marginalisierte Identität haben, sich gegenüber anderen immer erklären, die anderen aber nicht?
Was ist ›normal‹, und warum fühlt sich das so wichtig an?

KAPITEL 1: DIE ERFINDUNG DES SEX

Es mag seltsam klingen, aber die Arten und Weisen, wie wir heute unsere Sexualitäten bezeichnen, unsere Begierden verstehen und sexuelle Beziehungen führen, entstanden erst vor relativ kurzer Zeit. Wir stehen auch immer noch unter dem Einfluss der Auffassungen über Sex, die sich im Laufe von Jahrhunderten herausgebildet haben.

Schlampe!!
Männer dürfen mit vielen Menschen Sex haben; Frauen werden verurteilt, wenn sie sich so verhalten.
Antikes Griechenland
Der einzig legitime Sex ist der, bei dem Du schwanger werden kannst.
Mittelalter
Männer sind sexuell aktiv und wollen von Natur aus Sex; Frauen sind sexuell passiv, und nicht besonders an Sex interessiert.
18. Jhd.
Die sexuellen Begierden, die man hat, bestimmen, was für eine Art Mensch man ist.
Spätes 19. Jahrhundert
Beim Sex geht es um Genuss.
Frühes 20. Jahrhundert
Unsere Sexualität bestimmt unsere Lebens- und unsere Beziehungsweise, im Privaten und in der Öffentlichkeit. Es ist wichtig, damit offen umzugehen.
ACT UP
Spätes 20. Jahrhundert

DIE GEISTER DER GESCHICHTE

Die Sexualität wird auch von den Geistern all jener heimgesucht, die aufgrund der Art und Weise, wie Sex im Laufe der Zeit verstanden und kontrolliert wurde, verletzt wurden oder ihr Leben verloren haben:

Frauen, die im Kindbett starben, weil sie keine reproduktiven Rechte oder keinen Zugang zu Geburtenkontrolle hatten; Menschen, die sterilisiert, getötet und denen durch eugenische Versuche, Nationen ›rein‹ zu halten, ihre Beziehungsrechte verweigert wurden; Schwarze Sklav*innen, die von ihren ›Besitzern‹ wiederholt vergewaltigt wurden, weil sie als Eigentum betrachtet wurden; sexuell diverse Menschen - und Auffassungen -, die während der Kolonialisierung ausgelöscht wurden und diejenigen, die an HIV/AIDS und anderen sexuell übertragbaren Krankheiten starben, weil es keine Verhütungsmittel gab, und wegen der damals vorherrschenden Einstellungen zum Sex.

Das Erbe dieser historischen Traumata zeigt sich in den Stereotypen - und der Behandlung - von Menschen mit Behinderungen, People of Color, Menschen aus der Arbeiter*innenklasse, Sexarbeiter*innen, Frauen und Queers in Bezug auf Sex.

EINE KURZE GESCHICHTE DES SEX

In diesem Kapitel werden wir analysieren, wie wir im Westen zu unserer Auffassung von Sexualität gekommen sind - und wie diese Auffassung anderen auf der ganzen Welt aufgezwungen wurde. Wir werden Geister besuchen, die uns auf die Gefahren eines begrenzten Verständnisses von Sexualität aufmerksam machen, und wir werden die sozialen Strukturen und Prozesse erkunden, die diese Ansichten geprägt – und durchgesetzt – haben.

Wir gehen oft davon aus, dass die Art und Weise, wie Sexualität zu dem Zeitpunkt und an dem Ort, an dem wir uns gerade befinden, verstanden und ausgedrückt wird, richtig, normal und natürlich ist. Ein Blick in die Geschichte - und rund um die Welt - hilft uns zu erkennen, dass die Dinge schon einmal anders waren und wieder anders sein könnten.

Der Blick zurück hilft uns zu verstehen, warum sich unsere heutigen Perspektiven auf Sexualität so verfestigt haben. Sie tragen in sich das schwere Gewicht vergangener Generationen. Sie zu ändern würde enorme individuelle und gesellschaftliche Verlagerungen erfordern, zusätzlich zur Anerkennung der tiefen Verletzungen, die wir durch ihre Reproduktion und Weitergabe verursacht haben.

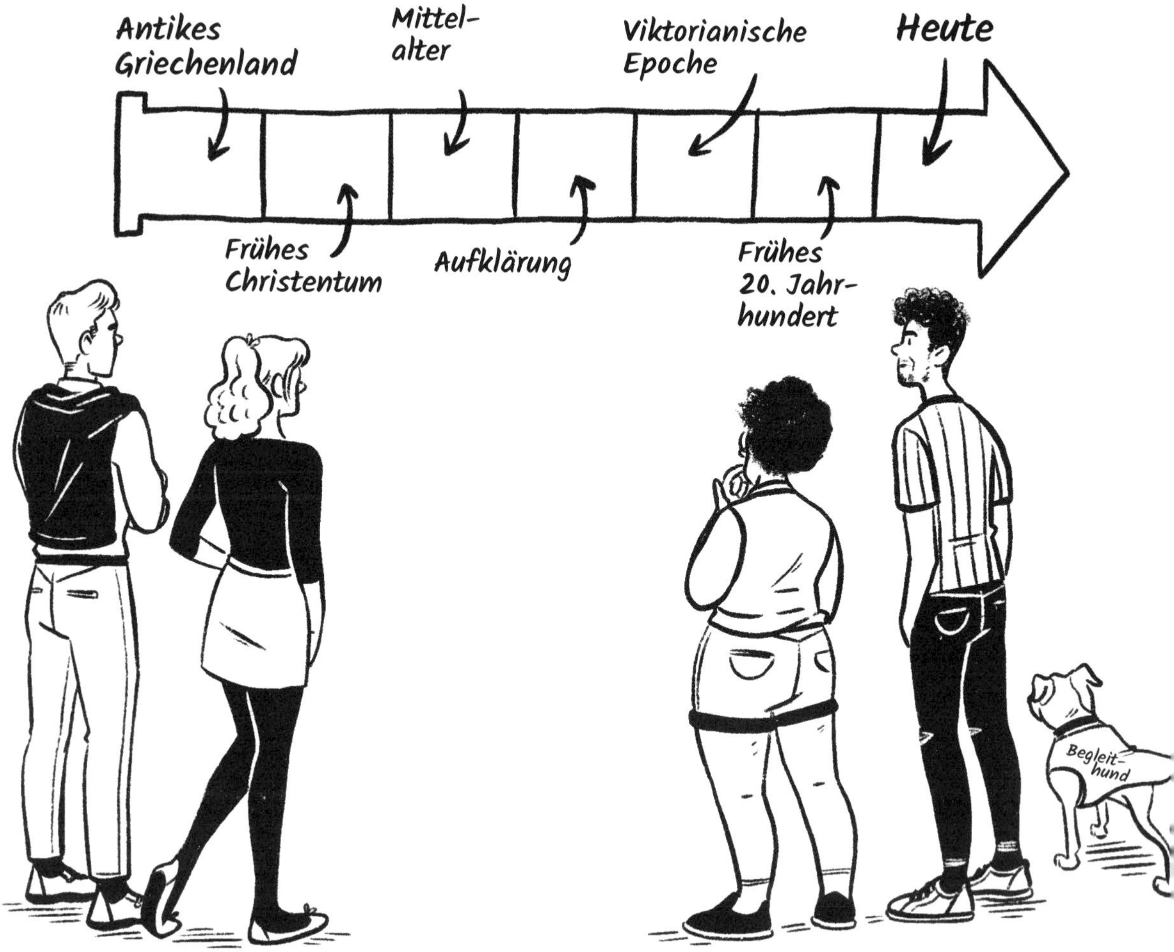

VOR DER SEXUALITÄT: DIE ANTIKE WELT

Die Staatsbürgerschaft war für die freien Männer Athens nicht nur ein politisches und soziales, sondern auch ein sexuelles und geschlechtsspezifisches Konzept.

Kulturtheoretiker David Halperin

Historiker*innen haben das antike Griechenland und Rom als eine Zeit ›vor der Sexualität‹ bezeichnet, weil Sex damals eine so radikal andere Bedeutung hatte. Das Erotische war Teil des öffentlichen Lebens und untrennbar mit der sozialen und politischen Ordnung verbunden.

Im antiken Griechenland demonstrierten Männer ihre Dominanz über andere - Frauen, männliche Sklaven, Ausländer oder jüngere aristokratische Männer – indem sie in sie eindrangen. Die ›passive‹ Rolle, das Penetriert-Werden zu genießen, wurde kulturell stigmatisiert und mit Weiblichkeit und Unterwerfung assoziiert.

Männliches Verlangen nach Männern und Frauen war so selbstverständlich, dass es Debatten darüber gab, welche Form die Überlegene sei. Es wurde vorgeschlagen, dass Armeen aus männlichen Liebhabern bestehen sollten, da die Krieger mutig sein würden, um sich gegenseitig zu beeindrucken.

Aufgrund des alltäglichen Überlebenskampfes bezogen sich kulturelle Ängste eher auf Nahrung als auf Sex, obwohl übermäßiger Genuss in beiden Fällen als Problem angesehen wurde und Selbstbeherrschung einen hohen Stellenwert hatte. Frauen wurden als unbeherrscht angesehen und hatten den Status von Minderjährigen, obwohl es einige Beispiele dafür gab, dass weibliches Verlangen nach Frauen anerkannt wurde. Solche Frauen galten als unangemessen männlich.

CHRISTENTUM

Das frühe Christentum entfernte sich vom griechisch-römischen Ideal der Selbstbeherrschung und von der jüdischen Verehrung der Fruchtbarkeit, die auch die Lust in der Ehe beinhaltete.

Der Körper ist der Tempel des Heiligen Geistes und muss rein bleiben.

Der Apostel Paulus

Das christliche Ideal war es, keine Begierden zu haben und jeden Sex zu vermeiden, es sei denn, er diente der Fortpflanzung. Die Lust wurde mit der Vertreibung der Menschheit aus dem Garten Eden assoziiert. Jesus verlangte von seinen Jüngern, unverheiratet zu bleiben. Enthaltung und Reinheit wurden verehrt. Allmählich sickerten diese Ideen in den gesellschaftlichen Alltagsverstand ein und wurden durch Gesetze unterstützt, die Ehebruch, Scheidung und ›Sodomie‹ verboten.

Hätte Gott mich in dieser Angelegenheit zu Rate gezogen, ich hätte ihm geraten, die Fortpflanzung der Gattung auch in Zukunft dadurch sicherzustellen, dass er sie aus Lehm formt.

Martin Luther, *protestantischer Reformer*

Allerdings eröffnete das frühe Christentum auch Möglichkeiten für nichtsexuelle erotische/ekstatische Erfahrungen und für enge gleichgeschlechtliche Bindungen.

DAS MITTELALTER

Die Historikerin Eleanor Janega weist darauf hin, dass sich der Begriff ›Sodomie‹ im Mittelalter auf jede Art von Sex bezog, die nicht zur Fortpflanzung führen konnte.

Vermeiden Sie Küsse und Berührungen, denn sie entspringen der Lust und sind Todsünden.

Philosoph und Priester
Thomas Aquinas

Jeglicher außereheliche Sex wurde als sündig angesehen, und der eheliche Sex sollte nicht durch Verlangen verunreinigt werden, da Verlangen die Seele gefährde. Verheiratete Paare wurden ermutigt, schnellen **Penis-in-Vagina (PIV) Sex** zu haben.

Scheiß drauf.

Es gab Regeln, die den Sex auf bestimmte Tage im Jahr, Tageszeiten und die bekleidete Missionarsstellung beschränkten - nur wenn die Frau nicht menstruierte oder stillte. Frauen galten im mittelalterlichen Europa als sexueller - und als fähiger, Sex zu genießen - als Männer. Dies unterschied sie von Männern, weil sie dadurch Tieren näherstanden.

Die Liebe der Frau ist auf ewig unersättlich; löscht man sie, geht sie wieder in Flammen auf; gibt man sie im Überfluss, ist sie wieder bedürftig; sie schwächt den Geist des Mannes und nimmt alle Gedanken in Beschlag, außer denen der Leidenschaft, die sie nährt.

Theologe und Priester
Saint Jerome

DIE AUFKLÄRUNG

Während der europäischen Reformation des 16. und 17. Jahrhunderts schwächte der Protestantismus Luthers und anderer - zusammen mit der wissenschaftlichen Revolution - den Einfluss des Katholizismus. Weltliche Herrscher wurden mächtiger, und die Aufmerksamkeit verlagerte sich von der Überwachung und Kontrolle der inneren Sünde auf die äußere Kriminalität im Rahmen der immer deutlicher werdenden Trennung zwischen privatem und öffentlichem Leben.

Viele Intellektuelle schlugen das Streben nach Glück als oberstes Lebensziel vor, ein Ziel, das schließlich in der Unabhängigkeitserklärung der Vereinigten Staaten verankert wurde. Viele verknüpften das Streben nach Glück ausdrücklich mit sexuellem Vergnügen, schrieben sowohl Erotika als auch Philosophie und nutzten pornografische Werke zur Kritik an religiösen und politischen Autoritäten. So wurde Sex mit Freiheit und Ungebundenheit in Verbindung gebracht und als Privatsache betrachtet.

Wir brauchen absolute Freiheit, die nicht durch Moral, Religion oder Gesetze eingeschränkt wird.
Marquis de Sade

Es dauerte jedoch bis zur Industrialisierung des 18. Jahrhunderts, bis dieser freiere Umgang mit Sex von den Eliten bis in alle gesellschaftlichen Schichten hinunterdiffundierte.

GESCHLECHTERHIERARCHIEN IM LAUFE DER ZEIT

Es gibt also immer und überall einen Unterschied zwischen guter, akzeptabler Sexualität und schlechter, inakzeptabler Sexualität, aber die Art und Weise, wie sie unterschieden wurden, war sehr unterschiedlich: Penetrierender versus Penetrierte; ehrenhaft versus schändlich; kontrolliert versus exzessiv; keusch versus begehrlich; zur Fortpflanzung versus zum Vergnügen; natürlich versus unnatürlich; schädlich versus nützlich.

Manchmal wurden Frauen als weniger sexuell angesehen als Männer, manchmal als sexueller. Wie herum auch immer, in diesen patriarchalen Gesellschaften wurden Frauen immer als minderwertig und sexuell fragwürdig angesehen.

Im 18. Jahrhundert hatte sich das Verständnis von Frauen als lüstern und verführerisch ins Gegenteil verkehrt, und sie galten als sexuell passiv und der Verführung durch Männer ausgesetzt. Dies lag wahrscheinlich daran, dass das Sexualverhalten der Männer nicht mehr so sehr durch gesetzlich verankerte religiöse Regeln eingeschränkt war, außer in Bezug auf Sex mit anderen Männern, der als unnatürlich angesehen wurde.

Es widert mich an, wenn Moralisten die Leidenschaftslosigkeit der Frauen als Tugend preisen. Wir können einen Liebhaber nur insofern erfreuen, als er auch uns erfreut.

Philosophin, Autorin und Frauenrechtsaktivistin **Mary Wollstonecraft**

Die Mehrheit der Frauen ist (zum Glück für sie) nicht sehr von irgendeiner Art sexueller Gefühle betroffen.

Arzt **William Acton**

DIE ERFINDUNG DER SEXUALITÄT: DAS VIKTORIANISCHE ZEITALTER

Im 19. Jahrhundert gab es nach den Schrecken der Französischen Revolution eine Gegenbewegung gegen die vermeintlichen Gefahren eines freizügigen Umgangs mit Sex. Sorgen über die Kriminalitätsrate und die Auswirkungen des Bevölkerungswachstums auf die Nahrungsmittelversorgung führten dazu, dass Kirchen und Regierungen versuchten, sexuelle Begierden wieder zu kontrollieren.

Da immer mehr Menschen außer Haus arbeiteten, wurde die private Sphäre idealisiert, genauso wie die Liebe zwischen Ehemann und Ehefrau. Die Ehe wurde als der angemessene Ort für Sex angesehen. Romantische Liebe, Sex und Glück wurden in einer Weise miteinander verwoben, die bis heute anhält.

Das aufkommende kapitalistische Modell war eines, in dem Männer losgingen, um Geld zu verdienen, während die Frauen unbezahlt im Haushalt arbeiteten, und sich so um die Arbeiter kümmerten, und die Arbeiterschaft reproduzierten. Aus diesem Grund wurden Männer und Frauen zunehmend als gegensätzlich angesehen: Männer als stark, ehrgeizig und nicht emotional oder verletzlich; Frauen als passiv, zart, fürsorglich und abhängig. Diese Kombination wurde romantisiert und auch von Wissenschaftler*innen und Mediziner*innen als natürlicher Ausdruck von Geschlechtlichkeit angesehen. Auf diese Weise wurden geschlechtliche, sexuelle und Beziehungsnormen miteinander verknüpft, und im Ideal des verheirateten, romantischen männlich/weiblichen Paares, das PIV-Sex miteinander hat, verankert.

SEXUALWISSENSCHAFT

Zu Beginn des 20. Jahrhunderts wurde Sex zum Gegenstand wissenschaftlicher Untersuchungen. Beeinflusst von den Darwin'schen Theorien der sexuellen Selektion betrachteten die Sexualwissenschaftler*innen? den Fortpflanzungstrieb als natürlich und normal und alles andere als eine Form der Abweichung, die es zu kategorisieren und zu erklären galt.

Sexualwissenschaftler*innen? klassifizierten diese so genannten ›Perversionen‹ in dicken Wälzern, die oft nur in lateinischer Sprache veröffentlicht wurden, um sie der breiten Masse vorzuenthalten.

Psychopathia Sexualis – Richard von Krafft-Ebing
PSYCHOPA
Die Homosexualität des Mannes und des Weibes
Magnus Hirschfeld
Psychology of Sex by Henry Havelock Ellis

Ich werde ein lateinisches Wörterbuch brauchen
Der COPROPHILE
Der UNDINIST
Der Sadomasochist
Der FROTTEUR

Sex wurde als eine potenziell überwältigende Naturgewalt und damit als Quelle individueller und sozialer Unordnung angesehen. Durch die Urbanisierung wurde er auch sichtbarer, durch Sexarbeit und Männer, die öffentlichen Sex mit anderen Männern hatten. Gesetze wurde zunehmend genutzt, um zwischen normalem und unnormalen Sex zu unterscheiden, wenn es um die Frage ging, ob Menschen Kriminelle waren.

Die Unterscheidung zwischen normal und unnormal wurde zu einer zentralen Sichtweise auf Sex, die mit den binären Unterscheidungen gesund/krank, unschuldig/kriminell und gut/schlecht verschmolz. Also musste Sex kontrolliert werden durch Medizin, Gesetze und Erziehung.

Die Schaffung der speziellen, verachteten und bestraften Rolle des Homosexuellen hält den Großteil der Gesellschaft rein, ähnlich wie die Behandlung bestimmter Arten von Kriminellen den Rest der Gesellschaft rechtschaffen hält.

Soziologin ***Mary McIntosh***

DIE ERFINDUNG VON HOMOSEXUALITÄT UND HETEROSEXUALITÄT

Zum ersten Mal wurden nun Sexualitäten von Wissenschaft und der Allgemeinheit als Identitäten betrachtet, die Menschen *haben*, und nicht als Dinge, die sie *tun*; Identitäten, die mit bestimmten Charaktereigenschaften verbunden sind.

Die Erfindung von ›homosexuell‹ als Identität führte zur Erfindung von ›heterosexuell‹ als Identität. Ursprünglich wurde ›heterosexuell‹ jedoch für Menschen verwendet, die ein verdorbenes Interesse an anderen Handlungen als der Fortpflanzung haben, nur mit dem ›anderen Geschlecht‹. Später setzte sich die bis heute gültige heteronormative Vorstellung von Heterosexualität als der ›natürlichen‹ Standardsexualität durch.

Sodomie war eine vorübergehende Abweichung; der Homosexuelle war nun eine Spezies.

Philosoph und Autor von
»Die Geschichte der Sexualität«,
Michel Foucault

Viele Sexualwissenschaftler*innen? vermischten gleichgeschlechtliches Begehren mit Geschlecht, allerdings auf unterschiedliche Weise. ›Inversionsmodelle‹ sahen homosexuelle Männer als feminisiert und homosexuelle Frauen als maskulinisiert an. Andere Modelle hingegen sahen homosexuelle Männer als hyper-viril, heroisch und männlich an.

Die Vorstellung vom ›Homosexuellen‹ als einer besonderen Art von Person mit einer festen Identität bildete die Grundlage der Argumente für die Rechte von Homosexuellen im 20. Jahrhundert. Wir werden im nächsten Kapitel darauf zurückkommen.

Die Erfindung des Heterosexuellen als Teil der Kampagne für Homorechte ist eine der großen Ironien der Geschichte des Sex.

Historiker und Autor von Die
»Erfindung der Heterosexualität«
Jonathan Ned Katz

SEX BEICHTEN

Die Idee, dass wir unsere Sexualität beichten sollten, geht auf das frühe Christentum zurück. Indem der Katholizismus Sex als schändlich, tabu und als Offenbarung der tiefen Sehnsüchte des Geistes definierte, förderte er paradoxerweise ein unablässiges Nachdenken über Sex und das Erzählen sexueller Geschichten.

Diese christliche Ethik fand ihren Widerhall in freigeistlichen pornografischen Romanen, und in den Fallstudien von Patient*innen, die in sexualwissenschaftlichen Texten aufgeschrieben wurden, die beide das Erzählen verborgener sexueller Wahrheiten beinhalteten. Wir sehen dies heute noch in Kummerkasten-Kolumnen, im Reality-TV und in Reality-Dating-Shows.

Einer der vielen Verdienste des Vaters der Psychotherapie, Sigmund Freud, während des beginnenden 20. Jahrhunderts war es, die Beschäftigung mit der eigenen Sexualität zu einem Thema für jede*n zu machen und nicht nur für die ›unnormalen‹ Subjekte sexualwissenschaftlicher Texte. Während es bei der katholischen Beichte darum ging, Menschen vor Sünden zu bewahren - oder für Sünden zu büßen - ging es hier darum, psychische Probleme zu lindern.

nicht jugendfrei
Ich verband sexuelle Entwicklung mit all unseren alltäglichen Neurosen und Abwehrmechanismen. Die ›Gesprächskur‹ der Therapie war meine Art, diese anzusprechen. Indem wir unsere unbewussten Wünsche aussprechen, gelangen Menschen zu mehr Selbsterkenntnis.
Brother Tagebuchraum, Tag 16

DIE SEXUELLE REVOLUTION

Freud war maßgeblich an einer Entwicklung beteiligt, in deren Verlauf Lust anstatt von Fortpflanzung zum Ziel sexueller Erlebnisse wurde.

Auf Freuds Ideen aufbauend, brachten spätere Denker wie der Freudianische Marxist und Autor von *Die sexuelle Revolution*, Wilhelm Reich, sexuelle Unterdrückung direkt mit individuellen Neurosen und sozialen Missständen in Verbindung.

Wilhelm Reich
Autoritäre Gesellschaftsordnung und sexuelle Unterdrückung gehen Hand in Hand. Revolutionäre Moral und Befriedigung sexueller Bedürfnisse gehören zusammen.

Die volle und vollendete Liebe erfordert den Zugang zum Wissen, wie man sie kultiviert.
Marie Stopes

Andere, wie die Wissenschaftlerin und Autorin von *Married Love*, Marie Stopes, verfassten frühe Formen von Sexualratgebern, in denen sie lustvollen Sex als wesentlichen Bestandteil eines glücklichen Ehelebens darstellten.

Im 20. Jahrhundert förderten die Antibabypille und die Frauenbewegung den Gedanken, dass Frauen ein Recht auf sexuelles Vergnügen haben. Die Bewegung für freie Liebe entkoppelte den Sex von der Ehe. Gefördert wurde dies durch den Konsumkapitalismus, der Glück als etwas darstellte, das jeder anstreben sollte - oft wurden Produkte und Lebensstile mit Bildern sexueller Lust verkauft.

Die anhaltende Spannung zwischen Sex als Quelle der Lust und der Gefahr tauchte in den Debatten zwischen Moralist*innen und Liberalen - und zwischen verschiedenen Schulen des Feminismus - wieder auf, z. B. über Abtreibung, Schwulenrechte, Sexarbeit und Pornografie.

Ein Mann muss eine Frau vor jedem einzelnen Beischlaf umwerben.

VERSTÄNDNIS UND ERFAHRUNGEN

Im Jahr 1936 beschrieb der Sexualwissenschaftler Havelock Ellis eine verheiratete Frau, die entsetzt feststellte, dass sie jahrelang masturbiert hatte, ohne es zu merken, und nun vor dem ›moralischen Ruin‹ stand.

Im antiken Griechenland hätten Mediziner wie Galen und Hippokrates dieser Frau versichert, dass das regelmäßige Freisetzen ihres ›Samens‹ Verstopfungen verhindern würde.

Vom Mittelalter bis vor kurzem hätte sie mit Strafe und Verurteilung rechnen müssen. Im 18. Jahrhundert hätte man ihr gesagt, Selbstbefriedigung führe zu hysterischen Anfällen, Krämpfen, Nymphomanie und anderen Übeln.

Im frühen 20. Jahrhundert hätten Leute wie John Harvey Kellogg (der mit den Frühstücksflocken) kaltes Wasser, körperliche Ertüchtigung oder sogar Elektroschocks empfohlen, um die Gewohnheit zu unterdrücken.

Wenn ich weiterhin diese schlechten Begierden empfinde, werde ich in kürzester Zeit eine Marathonläuferin sein.

In den 1970er Jahren hätten feministische Bewusstseinsbildungsgruppen sie ermutigt, weiter zu masturbieren, um mehr über ihre sexuelle Befriedigung herauszufinden. Heute raten Sexualtherapeut*innen zur Masturbation als Teil der Sexualkommunikation, warnen aber davor, dass sie zur Sucht werden kann, vor allem, wenn Pornos dazugehören.

Der Wandel vorherrschender Auffassungen über alle Aspekte der Sexualität hat starken Einfluss darauf, wie wir sie erleben.

Das ist in Ordnung, weil es den Sex mit meinem Mann verbessern wird.

GLOBALE DIVERSITÄT

Ein Blick auf die Welt und auf die Zeit zeigt, wie Sexualität sozial konstruiert ist.

Die Ethnologie hat gezeigt, dass verschiedene Kulturen sehr unterschiedliche Verständnisse davon haben, was als ›sexuell‹ gilt, und was das bedeutet.

*Kulturanthropologe **Philipps Stevens Jr.**, in der »International Encyclopedia of Human Sexuality«*

Frühe muslimische Gelehrte sprachen über Sex auf eine sehr direkte Art und Weise, als einen normalen, positiven Teil des Lebens, nicht nur im Zusammenhang mit Fortpflanzung, Ehe, oder Mann/Frau Beziehungen.

*Historiker und Autor von »Homosexuality in Islam«, **Scott Siraj al-Haqq Kugle***

Dies bedeutet auch, dass Menschen ihre Sexualität auf sehr unterschiedliche Weise erleben, ausdrücken und begreifen. Beispielsweise lehrten das Kamasutra und andere wichtige Texte des Hinduismus in Indien Techniken zur Erreichung sexueller Befriedigung und göttlicher Ekstase als Teil eines guten Lebens, ungefähr zur selben Zeit, als die christlichen Ideale der sexuellen Sünde in Europa Fuß fassten.

In den meisten Kulturen gab es im Laufe der Zeit Vorschriften gegen Inzest und Vergewaltigung, aber die Art und Weise, wie diese definiert und bestraft wurden, war sehr unterschiedlich. In Großbritannien beispielsweise wurde Vergewaltigung in der Ehe bis 1991 nicht als Straftat anerkannt - nicht einmal als Möglichkeit.

KULTURELLE DIVERSITÄT

Es gibt erhebliche kulturelle und generationelle Unterschiede in der Betrachtung von gleichgeschlechtlicher Anziehung und Sex.

Viele Kulturen trennen Geschlecht und Sexualität nicht in der heutigen westlichen Weise, sondern sehen sie als miteinander verwoben an, oft in Verbindung mit Spiritualität.

Sexuelle Kontakte zwischen Jungen und Männern sind in meiner Gemeinschaft und anderen in Papua-Neuguinea üblich und Teil wichtiger Initiationsriten.

In Indonesien verbinden *Bissu* wie ich alle Aspekte von Gender zu einem Ganzen. Wir lernen, wie man Segen spendet, und sind sexuell abstinent.

Als Ausdruck von Sexualität sind langfristige monogame Beziehungen weltweit ein recht ungewöhnliches Modell. Außerdem wird in vielen Kulturen zwischen Beziehungen unterschieden, in denen es um Sex geht, und solchen, in denen es um Intimität geht. Viele legen weniger Wert auf Sex und/oder haben Kategorien für diejenigen, die kein Interesse an Sex haben.

In Japan bezeichnen sich viele alleinstehende Männer als Pflanzenfresser. Sie können durchaus romantische Beziehungen haben, aber sie sind sanftmütig und haben eine unaufdringliche, gleichgültige Haltung gegenüber fleischlichen Begierden.
Autor **Maki Fukasawa**

Von dieser kulturellen Vielfalt könnten wir die Lektion lernen, jede vermeintlich ›normale‹, ›natürliche‹ Form der Sexualität zuerst einmal kritisch zu reflektieren, stattdessen werden solche Variationen im medialen Mainstream oft sensationslüstern dargestellt und als Faszinosum präsentiert, das von westlichen ›Expert*innen‹ erklärt oder hinterfragt werden kann.

ETHNOZENTRISMUS UND SEXUALITÄT

Der Psychologe und Autor von *Perv*, Jesse Bering, weist darauf hin, dass das Ausmaß der erotischen Vielfalt im Laufe der Zeit und an verschiedenen Orten zwar atemberaubend ist, es aber aufgrund der Prüderie und des Ethnozentrismus westlicher Ethnologen oft schwierig war, diese Vielfalt zu erkennen. Viele ignorierten Sex bis vor kurzem völlig oder zwangen den Menschen, die sie zu Forschungsobjekten degradierten, homofeindliche und andere normative Auffassungen auf.

Ähnliche Probleme gab es auch bei der Untersuchung und Darstellung sexueller Gemeinschaften in westlichen Kulturen. Das Vermächtnis der Sexualwissenschaft liegt auch darin, dass sich viele Sozialwissenschaftler*innen und Medienproduzent*innen immer noch darauf konzentrieren, Sexualitäten außerhalb der Norm zu etikettieren und zu erklären. Dies zeigt sich im medialen Format des »Freaks der Woche« in Fernsehsendungen, die Sex thematisieren.

HEUTE IM VIERTEN: FREAK DER WOCHE!
Dreier unter der Lupe
Das fühlt sich ziemlich ausbeuterisch an.
Auf jeden Fall. Warum haben sie keine Interviews mit Menschen aus der Community geführt, anstatt alle als gleich darzustellen?
Ich weiß nicht, vielleicht können wir etwas von ihnen lernen?
Es sollte nicht ihre Aufgabe sein, uns aufzuklären oder zu erregen.
Begleithund

DAS WAHRE MONSTER IST DIE HETERONORMATIVITÄT

Wie wir in Kapitel 4 sehen werden, lesen sich Klassifizierungen von Perversionen von frühen sexologischen Texten bis heute wie Dämonologien: Listen monströser Begierden, die - wie dämonische Geister - von uns Besitz ergreifen, uns übernehmen und uns vom rechten Pfad abbringen oder krankmachen können.

Was aber wäre, wenn die wahren Monster nicht diejenigen sind, die als sexuell ›unnormal‹ eingestuft und als verrückt oder böse angesehen werden, sondern die mächtigen Systeme und Strukturen, die uns allen im Laufe der Jahre so begrenzte Vorstellungen von Sex und Sexualität aufgezwungen haben und dies immer noch tun? Wer ist in Wahrheit das Monster? Um dies herauszufinden, müssen wir verstehen, wie die Geschichte der Sexualität mit der Geschichte von Geschlecht, ›Race‹, Behinderung und Klasse verwoben ist.

Wir haben bereits gesehen, wie Geschlecht, Sexualität und Beziehungen untrennbar miteinander verbunden wurden: Zur ›normalen‹ Sexualität gehörte die Anziehung zu einer Person des ›anderen‹ Geschlechts, die durch bestimmte Arten von Sex (vor allem Geschlechtsverkehr) innerhalb eines monogamen Paares zum Ausdruck kam. Diese Vorstellung, dass heterosexueller Sex, heterosexuelle Beziehungen und Geschlechterrollen anderen übergeordnet sind, wird als **Heteronormativität** bezeichnet.

Entschuldige, wir dachten, Du wärst das Monster...

DAS WAHRE MONSTER IST DAS PATRIARCHAT

Heteronormativität ist ein Beispiel eines patriarchalischen Verständnisses, denn es beruht auf der Vorstellung, dass Männer und Frauen von Natur aus unterschiedlich sind, was Frauen benachteiligt. Wir haben zum Beispiel gesehen, dass heteronormativer Sex (PIV) für viele Frauen nicht gerade die angenehmste Art von Sex ist. Er birgt ein hohes Risiko von Geschlechtskrankheiten und Schwangerschaft.

Moment mal! Hier steckt noch was anderes dahinter...

Obwohl sich die Bedeutung von Sex und Sexualität im Laufe der Zeit dramatisch verändert hat, wurden Frauen immer als Männern unterlegen betrachtet – und behandelt. Ob sie nun als sexuell passiv oder aktiv – als ›Madonnen‹ oder ›Huren‹ – gesehen wurden, weibliche Sexualität wurde als Problem betrachtet, und ihre Körper und Ausdrucksformen wurden oft verändert, um sie sexuell begehrenswerter zu machen und/oder ihre Sexualität zu kontrollieren.

Die moderne Form der sexuellen Doppelmoral erwartet, dass Männer von Natur aus lüstern sind, während Frauen einen schmalen Grat wandern müssen, um weder als ›Schlampe‹ noch als ›prüde‹ angesehen zu werden. Die Auswirkungen dieser Doppelmoral zeigen sich in dem Druck, der auf Frauen ausgeübt wird, sexuell zu sein, um Beziehungen aufrechtzuerhalten, in den hohen Inzidenzen sexueller Gewalt gegen Frauen, in der Täter-Opfer-Umkehr, wenn sie ihre Meinung äußern, und in der Stigmatisierung von Sexarbeiter*innen (Hurenfeindlichkeit).

DIE WAHREN MONSTER SIND WHITE SUPREMACY UND DER KOLONIALISMUS

Das vorherrschende Verständnis von Sexualität ist auch eng mit der Versklavung und Kolonialisierung anderer verbunden.

Die afrikanische Sklaverei wurde von den Christ*innen u. a. damit gerechtfertigt, dass Schwarze den biblischen »Fluch des Ham« in sich trugen, d. h. Inzest betrieben hatten.

Der Völkermord an den (nicht-binären) Two Spirit People* war Teil des Siedlerkolonialismus in dem Land, das wir heute als die Vereinigten Staaten von Amerika kennen. Er wurde damit gerechtfertigt, dass sie nicht dem Verständnis der Kolonisatoren von Sexualität und Geschlecht entsprachen.

Im britischen Imperialismus teilten Wissenschaftler*innen die Menschen in normal/überlegen und unnormal/unterlegen ein, um die Kolonisierung derjenigen zu rechtfertigen, die als unterlegen galten. Diese Kategorisierung wurde auch auf die Erforschung des Geschlechts übertragen. Der Rechtswissenschaftler Chan Tov McNamarah weist darauf hin, dass in Gesellschaften, in denen die Kolonialherren Gesetze gegen Homosexuelle erlassen haben, auch heute noch ein hohes Maß an Queerphobie herrscht – und umgekehrt. Weiße Menschen aus dem Globalen Norden stellen andere Kulturen oft als von Natur aus weniger tolerant gegenüber sexuellen Minderheiten dar, was es ihnen ermöglicht, sie zu verachten und ihre eigene Mitschuld zu leugnen.

Zum Vermächtnis dieser Entwicklung gehört die Tendenz, einige ethnische (›rassifizierte‹) Gruppen als mehr oder weniger sexuell als die weiße ›Norm‹ anzusehen. Zum Beispiel die häufige sexuelle Belästigung Schwarzer Frauen (die als hypersexuell und als Eigentum betrachtet werden) und die häufige Panik vor Schwarzen und Braunen männlichen Sexualstraftätern, obwohl die Mehrheit der wegen Sexualdelikten verurteilten Personen weiß ist (und ›Race‹ in solchen Fällen kaum je erwähnt wird).

* Beschreibt bei vielen indigenen Völkern Nordamerikas das dritte, nicht-binäre Geschlecht

DAS WAHRE MONSTER IST DIE KÖRPERNORMATIVITÄT

Historisch gesehen ist das Projekt, die Sexualität von Menschen in ›normal‹ und ›abnormal‹ zu kategorisieren, untrennbar mit der Art und Weise verbunden, auf die bestimmte Körper in der westlichen Kultur als normal oder ›gestört‹ definiert wurden. Diese hat ihre Wurzeln sowohl im Kolonialismus als auch in der Eugenikbewegung.

Die Eugenik des frühen 20. Jahrhunderts riet von Beziehungen zwischen Menschen aus unterschiedlichen ›rassifizierten‹ Gruppen ab, und hielten Arbeiter*innen und Behinderte für minderwertig und damit für weniger fortpflanzungswürdig. Diese Ansicht war keineswegs eine Minderheitenposition, viele prominente europäische und amerikanische Sexualwissenschaftler*innen waren Anhänger*innen der Eugenik, unter anderem Havelock Ellis, Marie Stopes und Margaret Sanger. Das Vermächtnis solcher Ansätze zeigt sich darin, dass behinderte Menschen häufig als nicht-sexuell betrachtet werden.

Wir müssen verhindern, dass sich Menschen mit unerwünschten Eigenschaften vermehren und die Bevölkerung verunreinigen.
Margaret Sanger

Fettaktivist*innen weisen auch darauf hin, dass die Normen für Körperform und -größe in ähnlicher Weise geschaffen wurden wie die für Sexualität, Geschlecht, ›Race‹ und Behinderung. Dicke Körper werden immer noch als ungesund angesehen, weil die Abweichung von der ›Norm‹ fälschlicherweise mit moralischer Minderwertigkeit und körperlicher oder geistiger Schwäche gleichgesetzt wird.

Das Vermächtnis all dessen liegt in der Dominanz weißer westlicher Ideale sexueller Attraktivität (jung, schlank, blasshäutig, glattes Haar usw.).

OMG, Becky
Schau Dir ihren Hintern an

DAS WAHRE MONSTER IST DER KAPITALISMUS

Wir haben bereits gesehen, dass Frauen im industriellen Kapitalismus benötigt werden, um unbezahlte Hausarbeit zu leisten und Kinder zu bekommen und großzuziehen. Sexualität und sexuelle Beziehungen sind also untrennbar mit der Wirtschaftsordnung, Klassenverhältnissen und der finanziellen Wertschätzung einer bestimmten Arbeit (männlich, Ober-/Mittelschicht) gegenüber einer anderen (weiblich, Arbeiter*innenklasse) verbunden.

Wie bei rassifizierten ›Anderen‹ wurden Frauen aus der Arbeiter*innenklasse oft als sexuell verfügbar oder unersättlich dargestellt, die von den ›Damen‹ der Mittelschicht ferngehalten werden sollten, um keinen negativen Einfluss auf sie haben zu können. Die Abwertung der Arbeit von Frauen, die Trennung aufgrund von Klasse und die vermeintliche sexuelle Verfügbarkeit führen zu ›Hurenfeindlichkeit‹: die Diskriminierung von Sexarbeiter*innen.

Sex ist seit den Anfängen der modernen Werbung mit dem Konsumkapitalismus verwoben, von der »Sex sells«-Werbung der 1950er Jahre bis zur heutigen Werbung, die Ängste über Sex und Körper schürt, um uns Produkte zu verkaufen, die diese Ängste ›beheben‹.

Sex sells!
Coke
Der neoliberale Kapitalismus hat eine Wende von der sexuellen Objektivierung zur sexuellen Subjektivierung gebracht. Anstatt dass andere unsere Sexualität kontrollieren, kontrollieren wir sie selbst.
Genderforscherin und Autorin von »Mediated Intimacy«, Rosalind Gill

INTERGENERATIONELLES TRAUMA

Fantasien darüber, was unsere Sexualität sein könnte – und wie sie sein sollte – werden ständig erschaffen und an die nächste Generation weitergegeben. Sexuelle Stigmatisierung und Scham können als eine Art intergenerationales Trauma angesehen werden, das fortbesteht, wenn jede Generation es versäumt, sich damit auseinanderzusetzen, und die problematischen Botschaften, die sie über Sex gelernt hat, einfach weitergibt

Wir müssen jedes Verständnis von Sexualität ablehnen, das Homosexualität als eine erklärungsbedürftige Abweichung betrachtet, und uns stattdessen voll und ganz auf die Ursprünge von Lösungen für Homofeindlichkeit konzentrieren, und darauf, wie sie in den Familien weitergegeben wird.

Queere Aktivistin und Autorin von »Ties that Bind«, **Sarah Schulmann**

Jüngere Generationen stehen an vorderster Front, wenn es darum geht, Sexualität auf vielfältigere, inklusivere und intersektionalere Weise zu verstehen, aber sie stoßen dabei auf erheblichen Widerstand.

Heutzutage kann man nichts mehr sagen, ohne wegen sexueller Belästigung angezeigt zu werden. Heterosexuelle weiße Männer sind heute am meisten von Vorurteilen betroffen. All diese erfundenen Begriffe – na gut, dann bin ich eben ein Pinguin! Schaut nicht beleidigt, ihr achso besonderen Schneeflocken.
Alter, wir sehen, was Du gerade machst.
Ich wäre auch damit durchgekommen, wenn ihr Nervensägen nicht gewesen wärt.

SEX IST DIE GROSSE STORY

Heute vertreten viele Sexualwissenschaftler*innen die Auffassung, dass Sexualität mit allen aktuellen gesellschaftlichen Problemen, mit denen wir konfrontiert sind, untrennbar verwoben ist. Soziale Bewegungen sind oft auch sexuelle Bewegungen.

Die Wahrheit ist, dass Sexualität überall vorkommt: in der Art und Weise, wie ein Bürokrat an seinen Akten herumfummelt, wie ein Richter Recht spricht, wie ein Geschäftsmann Geld in Umlauf bringt, wie die Bourgeoisie das Proletariat fickt, und so weiter.

…ilosophen
…le Deleuze** und **Félix Guattari

Der Soziologe Jeffrey Weeks weist darauf hin, dass Sex ein wesentlicher Bestandteil aller großen sozialen und politischen Krisen des letzten Jahrhunderts war, von der Eugenik des frühen 20. Jahrhunderts und dem Misstrauen gegenüber Homosexualität während des Kalten Krieges, über das Verschieben der ›Schuld‹ für AIDS auf Homosexuelle und den Niedergang der Familie in den 1980er Jahren, bis hin zur die #metoo-Bewegung, #BlackLivesMatter und die Welle öffentlicher Empörung, die trans Menschen entgegenschlägt, einschließlich der Art und Weise, wie Schwarze Männer und trans Frauen als potenzielle sexuelle Bedrohung dargestellt werden, um staatlich sanktionierte Gewalt gegen sie zu rechtfertigen.

Debatten über Sexualität sind Debatten über das Wesen der Gesellschaft und umgekehrt.

#METOO
SLUT WALK
Sex ist die große Story geworden. Die Menschen werden ermutigt, ihre sexuellen Geschichten in der Öffentlichkeit zu erzählen, wobei verschiedene Geschichten den Raum haben, erzählt zu werden.

Soziologe und Autor von »Telling Sexual Stories«,
Ken Plummer

VON DEN GEISTERN DER VERGANGENHEIT LERNEN

Historische Veränderungen haben das Verständnis und die Erfahrung von Sex geprägt, die uns heute zur Verfügung stehen.

Wir dürfen nicht vergessen, dass dieses Buch selbst einer bestimmten Zeit und einem bestimmten Ort entstammt. Wir haben hier nicht das ›richtige‹ Verständnis von Sexualität gefunden. Unser Verständnis wird immer konstruiert und kontextabhängig sein. Die Menschen der Zukunft werden sehen, was wir jetzt noch nicht gesehen haben – oder noch nicht sehen können.

Manche Arten von Sex erscheinen uns ›normaler‹, und wir sehen unsere Sexualität immer auch als Offenbarung einer inneren Wahrheit über uns selbst. Das war nicht immer so.
Zu verschiedenen Zeiten und an verschiedenen Orten haben Menschen auf ganz unterschiedliche Weise über Sex und Sexualität gedacht. Nichts muss so sein, wie es jetzt ist.
Bestimmte Körper werden als wertvoller oder normaler angesehen, oder als das ›Eigentum‹ anderer. Dies hat Einfluss darauf, wer reproduktive Rechte hat, wer als Opfer oder Täter*in sexueller Gewalt angesehen wird, wer attraktiv ist und was als ›richtiger Sex‹ gilt.
Wir müssen auch über Geschlecht, ›Race‹, Behinderung, Klasse und Alter nachdenken, da sie alle unser Verständnis von und unsere Erfahrungen mit Sexualität beeinflussen.

KAPITEL 2: SEXUELLE IDENTITÄT

Wir haben begonnen, zu verstehen, wie das heute dominante Verständnis von Sexualität konstruiert wurde. In den nächsten vier Kapiteln werden wir verschiedene Elemente von Sexualität untersuchen, beginnend mit der sexuellen Identität oder Orientierung.

Was sind gängige Annahmen und Auffassungen?
Wie sind sie entstanden?
Identität: wer wir sind
Wie wirken diese sich auf Menschen aus?
Der Sexakt: was tun wir?
Begierden: wie wir fühlen
Was für andere Wege des Verstehens könnten möglich sein?
Beziehungen: wie wir uns ausdrücken

Wir werden diese Fäden in Kapitel 6 zusammenführen, um zu untersuchen, warum unsere eigenen Sexualitäten am Ende so sind, wie sie sind.

Wie wir gesehen haben, gibt es nicht das eine, richtige Verständnis von Sexualität. In der westlichen Welt wird jedoch so getan, als gäbe es dieses. Ein bestimmtes Verständnis wird in der Medizin, der Therapie, dem Recht, der Bildung und den Medien in Bezug auf Sex immer wieder reproduziert. Im Zuge der Globalisierung hat sich diese engstirnige Sichtweise auf der ganzen Welt immer mehr durchgesetzt, auch bei vielen Menschen im Westen, die nicht in diese Sichtweise passen. In den kommenden Kapiteln werden wir auch von denjenigen erfahren, die sich dem gängigen Verständnis davon, wie Sexualität tatsächlich funktioniert, widersetzen, es ablehnen oder neu interpretieren.

WAS IST (DEINE) SEXUALITÄT?

Wie würdest Du reagieren, wenn Du aufgefordert würdest, Deine Sexualität in einem Formular oder einer Dating-App anzugeben. Die App stützt sich wahrscheinlich auf das gängige Verständnis von ›Sexualität‹ im Sinne sexueller Identität – oder Orientierung – definiert durch das Geschlecht der Menschen, zu denen wir uns sexuell hingezogen fühlen.

Im Allgemeinen wird davon ausgegangen, dass wir uns entweder am ›anderen Geschlecht‹ orientieren, in diesem Fall ist unsere Identität heterosexuell, oder am ›gleichen Geschlecht‹, in diesem Fall ist unsere Identität homosexuell.

Ok, Du kannst auf die Tanzfläche gehen, sobald Du Dich entschieden hast, ob Du Dich zu Männern oder Frauen hingezogen fühlst.
Hingezogen zu:
MÄNNERN
FRAUEN
Person ist:
MÄNNLICH
SCHWUL
HETERO
WEIBLICH
HETERO
LESBISCH

Unsere Sexualität basiert der gängigen Auffassung nach also auf einer Kombination aus unserem Geschlecht und dem Geschlecht, zu dem wir uns hingezogen fühlen. Weil sie eine ›Identität‹ ist, wird auch davon ausgegangen, dass unsere Sexualität ein grundlegender und unveränderlicher Teil dessen ist, was wir sind.

In diesem Buch erforschen wir andere Möglichkeiten, Sexualität zu verstehen, und viele weitere Kategorien jenseits von ›homo‹ und ›hetero‹.

FREUD UND POLYMORPHE PERVERSITÄT

Im letzten Kapitel haben wir gezeigt, wie frühe Sexualwissenschaftler*innen ihre Vorstellung von einer festen heterosexuellen oder homosexuellen Identität erfanden.

Sigmund Freud entwickelte diese Ideen weiter und machte sie dem gesellschaftlichen Alltagsverstand zugänglich. Er unterteilte die Sexualität in Objekt (zu dem wir uns hingezogen fühlen) und Ziel (was wir mit ihm tun wollen).

Wir werden alle polymorph pervers geboren: Wir könnten uns zu jedem*r hingezogen fühlen und alle möglichen Arten von erotischen Kontakten genießen, aber eine reife Sexualität bedeutet, eine stabile Objektwahl und ein stabiles Ziel zu erreichen.
Kinder begehren zunächst den Elternteil des anderen Geschlechts. Sie sehen ihren gleichgeschlechtlichen Elternteil als Rival*in, aber schließlich identifizieren sie sich mit ihm. Diesen Ödipuskomplex nicht zu durchlaufen, ist die Basis für die Entstehung gleichgeschlechtlicher Anziehung.

Freuds Theorien sind äußerst einflussreich gewesen in der Entstehung der Normen einer festen sexuellen Identität auf der Grundlage unseres Geschlechts, und der Attraktion zu einem Pol einer binären Geschlechtlichkeit.

DIE HOMO/HETERO-BINARITÄT

Das Hetero-Homo-Modell ist ein sowohl heteronormatives als auch binäres Modell. Freud sah Heterosexualität als das normale Ergebnis sexueller Entwicklung und Homosexualität als eine Abweichung davon.

Freuds Anhänger*innen verankerten die Idee von Homosexualität als Pathologie in den psychiatrischen und psychotherapeutischen Berufen. Erst seit den 1990er-Jahren wird Homosexualität von der Weltgesundheitsorganisation nicht mehr als psychische Störung klassifiziert, und erst in den 2000ern wurden die Sodomiegesetze in den gesamten USA außer Kraft gesetzt.

In Sexualkunde-Lehrbüchern wird immer noch die Frage gestellt, warum Menschen homosexuell sind, und es werden verschiedene mögliche evolutionäre, genetische und andere biologische Erklärungen dafür angeführt. Es gibt keinen entsprechenden Abschnitt, in dem gefragt wird, warum Menschen heterosexuell sind.

Wann hast Du zum ersten Mal entschieden, dass Du heterosexuell bist?
Ist das nicht nur eine Phase, aus der man herauswachsen kann? Vielleicht brauchst Du einfach einen guten homosexuellen Lover.
Warum habt ihr so stereotype Geschlechterrollen?
Warum haben so wenige von euch stabile Beziehungen?
Wie könnte die Menschheit angesichts von Überbevölkerung überleben, wenn alle heterosexuell wären?

* Fragen angepasst von Martin Rochlins »Heterosexuality Questionnaire«

HOMOSEXUELLE ANDERE

Die Gesellschaft verlangt von Homosexuellen, dass sie sich in einer Weise erklären sollen, die von Heterosexuellen nicht eingefordert wird. Sie müssen sich ›outen‹, weil man davon ausgeht, dass Heterosexualität der Standard ist. Kinder lernen, dass Homosexuelle auf negative Weise ›anders‹ sind, und werden für jede Andeutung, sie könnten homosexuell sein, schikaniert.

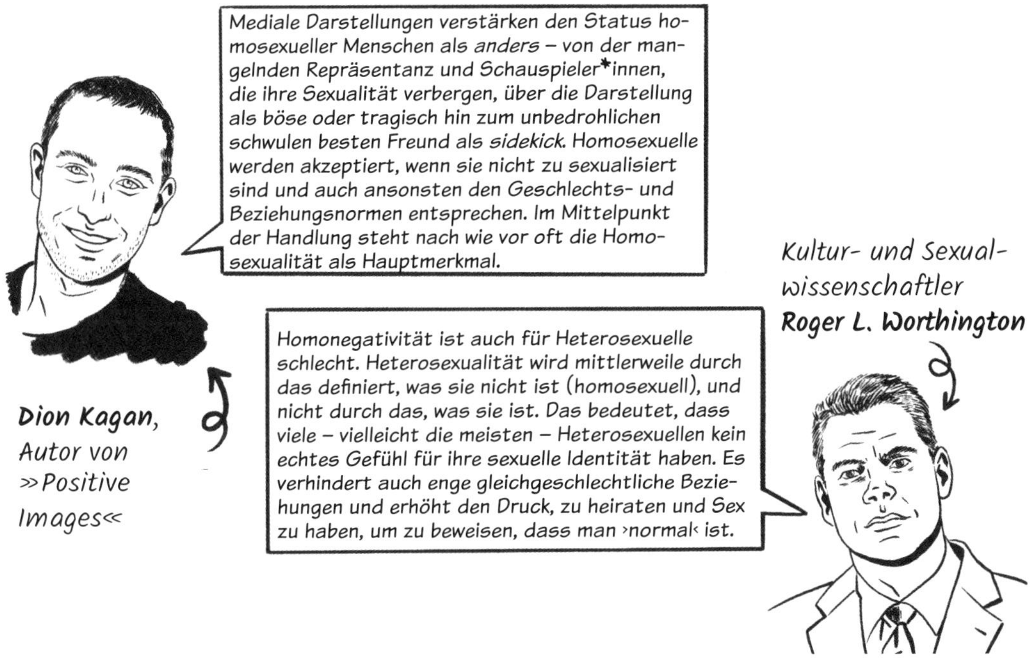
Mediale Darstellungen verstärken den Status homosexueller Menschen als *anders* – von der mangelnden Repräsentanz und Schauspieler*innen, die ihre Sexualität verbergen, über die Darstellung als böse oder tragisch hin zum unbedrohlichen schwulen besten Freund als *sidekick*. Homosexuelle werden akzeptiert, wenn sie nicht zu sexualisiert sind und auch ansonsten den Geschlechts- und Beziehungsnormen entsprechen. Im Mittelpunkt der Handlung steht nach wie vor oft die Homosexualität als Hauptmerkmal.
Dion Kagan, Autor von »Positive Images«
Kultur- und Sexualwissenschaftler **Roger L. Worthington**
Homonegativität ist auch für Heterosexuelle schlecht. Heterosexualität wird mittlerweile durch das definiert, was sie nicht ist (homosexuell), und nicht durch das, was sie ist. Das bedeutet, dass viele – vielleicht die meisten – Heterosexuellen kein echtes Gefühl für ihre sexuelle Identität haben. Es verhindert auch enge gleichgeschlechtliche Beziehungen und erhöht den Druck, zu heiraten und Sex zu haben, um zu beweisen, dass man ›normal‹ ist.

Rock Hudson
Norman Bates in Psycho
Tom Hanks in Philadelphia
Love, Simon
Buffy im Bann der Dämonen
The L Word
Ellen

UNSICHTBARE BISEXUELLE

Ein zentrales Problem des binären Modells von hetero- und homosexuell ist, dass es keinen Platz für Bisexuelle gibt: Menschen, die sich zu mehr als einem Geschlecht hingezogen fühlen.

In Sexualkunde-Lehrbüchern wird Bisexualität noch immer oft ganz ausgeklammert, bloß angerissen, bevor man sich auf Hetero- und Homosexuelle konzentriert, oder es wird suggeriert, dass es sie nicht gibt oder dass sie äußerst selten ist.

The New York Times
Bist Du hetero, homo, oder lügst Du?
Bisexualität neu bewertet
Bi-sexualität? Ich glaube nicht, dass es die gibt.
Hallo? Ich stehe direkt vor dir!
Die Wissenschaft kennt sich da besser aus, als Du.

2005 machte eine Laborstudie Schlagzeilen, in der die Existenz bisexueller Männer angezweifelt wurde, weil keine Männer gefunden werden konnten, die sowohl bei Pornos mit zwei Männern als auch bei Pornos mit zwei Frauen Erektionen bekamen. Spätere Studien besserten die verschiedenen methodischen Mängel aus und fanden Männer, die bisexuelle Anziehungsmuster zeigten. Mittlerweile sind die Auswirkungen dieser Art von weit verbreiteter Forschung auf das männliche Verständnis und die Erfahrung von Sexualität enorm.

Wissenschaft wird zwar als objektiv dargestellt wird, aber ein Großteil sexualwissenschaftlicher Forschung beruht auf normativen Annahmen darüber, welche Sexualitäten in Frage kommen und welche nicht, und welche Art von Beweisen relevant ist.

Die Annahme dieser grundlegenden Binarität ist sowohl in der Popkultur als auch in der Wissenschaft verankert. Bis vor kurzem wurden Personen so dargestellt, dass sie homosexuell waren und heterosexuell wurden, oder heterosexuell waren, und homosexuell wurden. Diejenigen, die in Beziehungen sowohl mit Männern als auch mit Frauen gezeigt wurden, wurden trotzdem noch als homo- oder heterosexuell bezeichnet.

Die Leute reden über Brokeback Mountain als »den schwulen Cowboy-Film«, aber eigentlich ist es ein bisexueller Schäfer-Film.
Schon interessant, wie davon ausgegangen wird, dass sowohl bisexuelle Männer als auch bisexuelle Frauen eigentlich Männer vorziehen.

Frank Underwood, House of Cards

Bi-Menschen werden immer noch oft als misstrauisch, manipulativ, hypersexuell und gefährlich dargestellt. Glücklicherweise gibt es heutzutage einige bessere Darstellungen bisexueller Charaktere, die diese Stereotypen in Frage stellen.

Callie Torres, Grey's Anatomy

Rosa Díaz, Brooklyn 99

Es kann sein, dass ich bisexuell bin.
Das ist nur ne Phase.
Entscheide Dich doch einfach. Du kannst nicht beides gleichzeitig haben.
Die Leute werden denken, Du bist ne Schlampe, und dass Du's nur machst, um Deinem Freund eins auszuwischen.

Allerdings wirken sich das binäre Geschlechtsverständnis und die Unsichtbarmachung Bisexueller weiterhin auf die Bi-Erfahrung aus. Diese verbreiteten Reaktionen – und die kulturelle Unsichtbarkeit – stehen im Zusammenhang mit höheren Raten psychischer Problemen unter Bisexuellen – im Vergleich zu schwulen und heterosexuellen – Menschen.

SEXUALITÄTSKATEGORIEN

Die Art und Weise, wie Sexualität in standardisierten Formularen abgefragt wird, vermittelt das ›offizielle Gefühl‹ dafür, welche Kategorien gültig sind, das wir dann wiederum verinnerlichen. Der derzeitige Standard sieht vielerorts in etwa so aus:

Aber damals an der Uni...?
Ähm...
Welche der folgende Antworten beschreibt am besten, wie Du Dich selbst siehst?
heterosexuell
schwul oder lesbisch
bisexuell
sonstige
keine Angabe
Warum ist meine Identität eine ›sonstige‹?

Du merkst vielleicht, dass dieses Formular abfragt, wie Menschen sich selbst bezeichnen, aber nicht, was sie sexuell tun oder empfinden – was sich möglicherweise einer Kategorie zuordnen lässt, vielleicht aber auch nicht. Vielleicht erinnerst Du Dich an den Punkt aus Kapitel 1, dass diese Kategorien zu anderen Zeiten in der Geschichte keinen Sinn gemacht hätten und für Menschen in vielen Kulturen heute nicht funktionieren würden.

Jedes Mal, wenn unsere Sexualität auf diese Weise abgefragt und vermessen wird, verstärkt dies unseren Eindruck, dass Sexualität auf diese Weise funktioniert. Es zementiert diese Art der Selbstwahrnehmung, was sich wiederum darauf auswirkt, welche Erfahrungen wir für uns als zugänglich betrachten.

KINSEY UND DAS SPEKTRUM DER SEXUALITÄT

Eine alternative Art und Weise, Sexualität zu ›messen‹, ist die berühmte Kinsey-Skala. Alfred Kinsey war ein amerikanischer Sexualwissenschaftler, der in den 1940er- und 50er-Jahren umfangreiche Studien zur männlichen und weiblichen Sexualität durchführte. Die Kinsey-Berichte ergaben, dass viel mehr Menschen masturbieren, Oral- und Analsex sowie Sex vor der Ehe haben, als damals angenommen wurde.

Da mich eher das Verhalten als die Identität interessierte, bat ich die Personen, sich auf der Grundlage ihrer sexuellen Erfahrungen auf einer Skala zu verorten.
Ich fühle mich wie eine 3, hatte aber noch nie Erfahrungen mit Frauen. Zählt das jetzt?
1 2 3 4 5 6 X
Ich fand heraus, dass mehr als 1/10 der Frauen und 1/3 der Männer Sex mit einer Person desselben Geschlechts bis zum Orgasmus erlebt hatten.

Obwohl seine Methoden kritisiert worden sind, waren Kinseys Arbeiten sehr hilfreich, um zu zeigen, dass wir über sexuelles Verhalten und nicht nur über Identität nachdenken müssen.

IDENTITÄT, VERHALTEN, ANZIEHUNG

Neben der sexuellen Identität und dem sexuellen Verhalten ist Anziehung ein wichtiger Bestandteil der Sexualität – unabhängig davon, ob wir auf sie reagieren oder nicht.

Eine kürzlich durchgeführte Umfrage hat ergeben, dass – obwohl sich nur 5,5 % der Menschen als homosexuell und 2,1 % als bisexuell bezeichnen – etwa ein Viertel aller Erwachsenen und die Hälfte der jungen Erwachsenen sich in der Frage, von wem sie sich angezogen fühlen, auf der Kinsey-Skala zwischen 2 und 6 einstufen (d. h. nicht ausschließlich heterosexuell).

Bisexuelle Anziehung ist also weder selten oder gar nicht vorhanden, vielmehr ist sie weit verbreitet. Kulturelle Homofeindlichkeit und Bifeindlichkeit sind zumindest teilweise der Grund dafür, dass sich weit weniger Menschen auf diese Weise identifizieren, als diese Form der Anziehung erleben.

Für jede sexuelle Kategorie, für jede Form der Anziehung gilt, dass es mehr Menschen gibt, die sie erleben, als die die sie ausleben, und mehr Menschen, die sie ausleben, als sich mit ihr identifizieren. Natürlich gibt es auch Menschen, die sich identifizieren, ohne sich ausgelebt zu haben, und Menschen, die auf eine Art und Weise handeln, die nicht zu ihrer Anziehungskraft passt (z. B. einige Schauspieler*innen, Sexarbeiter*innen und Menschen, die ihre Sexualität kennen lernen).

Ich identifiziere mich nicht als LGB, aber ich hatte eine sexuelle Erfahrung mit einem Mann.
Bi Anziehung
Bi Identität
Bi Anziehung
Ich identifiziere mich als bi, aber ich habe mich nie dementsprechend verhalten.

Klein und multiple Spektren

Wie die Identitätsbegriffe erfassen auch Skalen, die sich nach dem Kinsey-Modell richten, unsere sexuelle Anziehung nur zu einem bestimmten Zeitpunkt – und gehen davon aus, dass sie statisch ist. Ein weiterer US-amerikanischer Sexualwissenschaftler, Fritz Klein, entwickelte Kinseys Idee zu einem umfangreicheren Maß für Sexualität weiter.

Ich fand heraus, dass mehr als 1/10 der Frauen und 1/3 der Männer Sex mit einer Person desselben Geschlechts bis zum Orgasmus erlebt hatten.
Fritz Klein
Das Klein Raster
Begriffe
Vor mehr als 10 Jahren
Vor mehr 5 Jahren
Vor mehr als einem Jahr
Im vergangenen Jahr
In der Zukunft
1 Sexuelle Anziehung: wer turnt Dich an?
2 Sexuelles Verhalten: mit wem hast Du Sex?
3 Sexuelle Fantasien: von wem handeln Deine sexuellen Fantasien?
4 Emotionale Präferenz: mit wem gehst Du starke emotionale Bindungen ein?
5 Soziale Präferenz: mit wem möchtest Du Deine Freizeit verbringen?
6 Lebensstil: was ist die sexuelle Identität der Menschen, mit denen Du Zeit verbringst?
7 Sexuelle Identität: wie identifizierst Du Dich sexuell?
8 Politische Identität: mit wem identifizierst Du Dich?
Skala für Zeilen 1-5: 1 = Ausschließlich heterosexuell; 2 = hauptsächlich heterosexuell; 3 = hauptsächlich bisexuell, manchmal hetero; 4 = ausschließlich bisexuell; 5 = hauptsächlich bisexuell, manchmal homo; 6 = hauptsächlich bisexuell; 7 = ausschließlich homosexuell; 8 = n/n
Skala für Zeilen 6-8: 1 = Ausschließlich anderes Geschlecht; 2 = hauptsächlich anderes Geschlecht; 3 = etwas mehr anderes Geschlecht; 4 = beide Geschlechter gleich; 5 = etwas mehr gleiches Geschlecht; 6 = hauptsächlich gleiches Geschlecht; 7 = ausschließlich gleiches Geschlecht; 8 = n/n
Meine politische und soziale Identität als lesbische Frau ist mir wichtig. Gleichzeitig spiegeln meine Anziehungen und meine Fantasien die Identitäten nicht immer wider.
Ich gehe starke emotionale Bindungen mit anderen ein – ohne mich sexuell zu ihnen hingezogen zu fühlen.

Jede Skala von homosexuell bis heterosexuell suggeriert jedoch implizit, dass die Anziehung einer Person zum ›gleichen Geschlecht‹ abnimmt, wenn die Anziehung zum ›anderen Geschlecht‹ zunimmt, und umgekehrt. Ungefähr so, wie man annimmt, dass Menschen, die eher Kaffee mögen, weniger Tee mögen, und umgekehrt.

FLUIDE SEXUALITÄT

Kleins Idee, dass Sexualität sich im Laufe der Zeit oft verändert, fand in den 1980er Jahren nur wenig Beachtung. Man ging davon aus, dass die Sexualität ein fester, wesentlicher Bestandteil dessen ist, wer wir sind. Die ›born this way‹-Erzählung schien ein wichtiger Gegenpol zu den vorherrschenden Ansichten zu sein, dass Homosexualität eine ›Lebensstilwahl‹ sei, die man sich aussuchen könne, aber natürlich nicht solle.

Die jüngere Forschung hat sich jedoch erneut mit der These einer fluiden Sexualität befasst. Lisa Diamond stellte fest, dass etwa 2/3 der Frauen, die sich zu gleichgeschlechtlichen Partnern hingezogen fühlen, ihre sexuelle Identität wechseln, oft beeinflusst durch das Geschlecht der Person, mit der sie eine Beziehung führen. Jane Ward fand heraus, dass heterosexuell identifizierte Männer häufig sexuelle Begegnungen mit anderen Männern hatten, insbesondere in geschlechtergetrennten Umgebungen. Nigel Dixon fand heraus, dass 1/3 der Männer, die sich zum gleichen Geschlecht hingezogen fühlen, und 2/3 der Frauen über eine Veränderung ihrer Anziehung im Verlauf von 5 Jahren berichteten.

Unsere sexuellen Identitäten, Verhaltensweisen und Anziehungen können sich im Laufe der Zeit verändern. Unterschiedliche Erfahrungen können unterschiedliche Wünsche und Anziehungskräfte wecken sowie die Identitäten, die am besten zu uns passen.

Das bedeutet nicht, dass wir unsere Sexualität nach Belieben ändern können oder dazu gezwungen werden sollten – wie bei der unethischen Praxis der Konversionstherapie. Außerdem hat die Forschung gezeigt, dass sie nicht funktioniert.

DER FOKUS AUF DAS ›ANZIEHENDE‹ GESCHLECHT

Vielleicht ist Dir aufgefallen, dass die Modelle sexueller Orientierung, die wir betrachtet haben, ausschließlich auf Geschlecht fokussieren: das eigene und das Geschlecht, das wir attraktiv finden. Außerdem gehen sie in der Regel davon aus, dass Geschlecht binär ist: ob wir uns zum ›gleichen Geschlecht‹ und/oder zum ›anderen Geschlecht‹ hingezogen fühlen. Was ist daran falsch?

Ach, Du weißt doch: Gegensätze ziehen sich an ...
1. ›Geschlecht‹ hat viele verschiedene Aspekte. Wenn wir von ›gleichem‹ oder ›anderem‹ Geschlecht sprechen, meinen wir damit das Geschlecht, das einer Person bei der Geburt zugewiesen wurde? Wie ihr Körper und/oder ihre Genitalien jetzt aussehen? Ob sie sich als Frau, Mann oder Enby identifizieren? Oder wie sie sich in Bezug auf Männlichkeit und/oder Weiblichkeit ausdrücken?

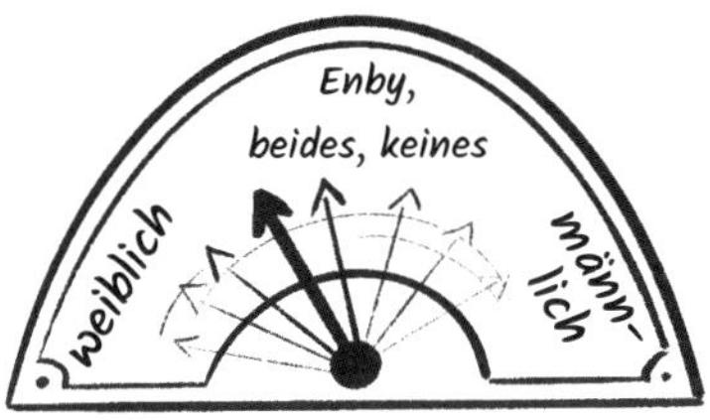
Enby, beides, keines
weiblich
männlich

2. Nichts hier ist binär. Viele Körper und Gehirne passen nicht in unsere kulturellen Annahmen darüber, was es bedeutet, ›männlich‹ oder ›weiblich‹ zu sein. Mehr als ein Drittel aller Menschen erleben sich in gewisser Weise als das andere, keines oder beide Geschlechter.

3. Geschlecht ist intersektional – wir können es nicht losgelöst von ›Race‹, Klasse, Behinderung, Sexualität, Alter und vielen anderen Aspekten einer Person betrachten.
ien
Mach
g
e
t
Privil

* Wenn Du diese Ideen besser verstehen lernen willst, schau in unser: *Gender – Eine illustrierte Einführung.*

WARUM ÜBERHAUPT DAS ANZIEHENDE GESCHLECHT?

›Gleichgeschlechtlich/andersgeschlechtlich‹-Modelle der Sexualität funktionieren also nicht bei Menschen, deren Geschlecht – und/oder das Geschlecht, zu dem sie sich hingezogen fühlen – nicht in das binäre Modell passt. Sie gehen auch davon aus, dass der wichtigste Aspekt der Sexualität einer Person – ja der Aspekt, der sie definiert – das Geschlecht ist, zu dem sie sich hingezogen fühlt.

Denk über Deine eigene sexuelle Anziehung, Dein Verlangen und Deine Identität nach, falls Du sie hast. Ist Geschlecht das wichtigste Merkmal? Was ist mit anderen Merkmalen?

Viele Menschen beschreiben Bisexualität so, dass sie sich zu Menschen ›unabhängig von ihrem Geschlecht‹ hingezogen fühlen, während für andere Geschlecht ein wichtiges Merkmal ist. Manche betonen Aspekte wie die Bedeutung der Zugehörigkeit zu einer sozialen Gruppe und die Möglichkeit, ›man selbst zu sein‹, gegenüber spezifischen Anziehungen.
Sexualforscherin
Helen Bowes-Catton
Für queere *People of Color* ist die gemeinsame Erfahrung, aufgrund der weißen Heteronormativität queer wahrgenommen und rassifiziert zu werden, von enormer Bedeutung. Beziehungen und Räume der Bestätigung und Anerkennung sind angesichts von Rassismus, Ausgrenzung und der Unsichtbarkeit oder Hypervisibilität, die anderswo erlebt werden, von entscheidender Bedeutung.
Psycholog*in
Dr. Stephanie Davis

Online-Messaging und -Gaming, Cybersex sowie Dating- und Kontakt-Apps bedeuten, dass viele Menschen Anziehungen auf der Grundlage von Gesprächen und Austauschbeziehungen erleben, die nicht mit ihrem Offline-Körper oder ihrem Geschlecht verbunden sind.

Black Mirror Folge
»Striking Vipers«
»Da ist überhaupt keine Chemie – nein, gar nix.«

SEXUELLE KONFIGURATIONSTHEORIE (SKT)

Die Neuroendokrinologin und Sexualforscherin Sari van Anders wollte eine Theorie aufstellen, die nicht die geschlechtsspezifische Anziehungskraft in den alleinigen Fokus stellt, und Raum schafft für andere Elemente sowie für die verschiedenen Arten der Anziehung, die wir erleben, und wie diese sich im Laufe der Zeit verändern können.

In jeder möglichen Dimension der Sexualität können wir uns in unseren Vorlieben zu Sex allein, oder mit Partner*innen unterscheiden.

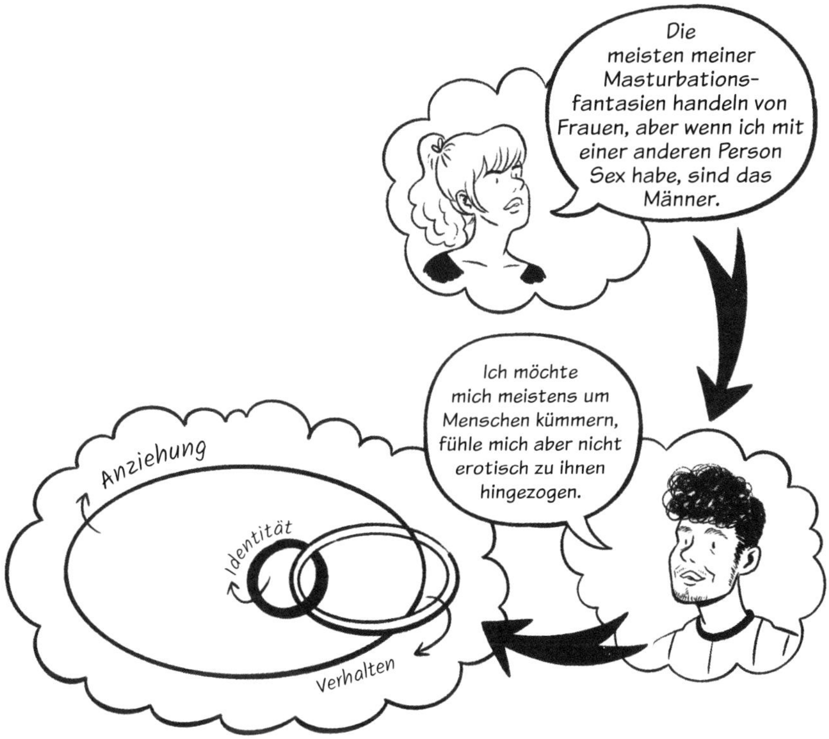
Die meisten meiner Masturbationsfantasien handeln von Frauen, aber wenn ich mit einer anderen Person Sex habe, sind das Männer.
Ich möchte mich meistens um Menschen kümmern, fühle mich aber nicht erotisch zu ihnen hingezogen.
Anziehung
Identität
Verhalten

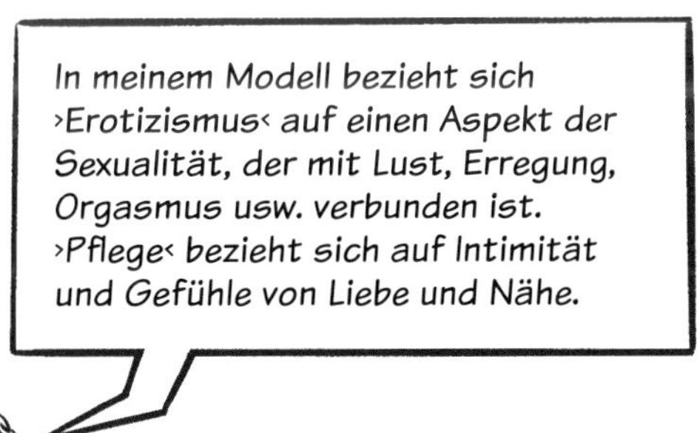
In meinem Modell bezieht sich ›Erotizismus‹ auf einen Aspekt der Sexualität, der mit Lust, Erregung, Orgasmus usw. verbunden ist. ›Pflege‹ bezieht sich auf Intimität und Gefühle von Liebe und Nähe.

Sari van Anders

Es könnte auch Unterschiede darin geben, zu wem wir uns hingezogen fühlen – und wie – ob erotisch oder romantisch. Natürlich können wir in diesen Bereichen sowohl Ähnlichkeiten als auch Unterschiede erleben.

Sari bezieht mehrere Dimensionen der Sexualität in ihre SKT mit ein. Neben der Anzahl und dem Geschlecht der Partner*innen, die man gerne hat, berücksichtigt sie auch, wie stark diese Anziehungen zu einem bestimmten Zeitpunkt sind, wie breit oder enggefasst sie sind (ob man einen bestimmten ›Typ‹ hat oder nicht) und ob sie mit kulturellen Normen übereinstimmt oder nicht.

Hm.
Ich hätte wahnsinnig gerne verschiedene Partner*innen für verschiedene Arten von Sex und Beziehung.

Wir könnten auch über folgendes nachdenken:

- Ausmaß der sexuellen Anziehung (von keine bis hoch)
- physische Aspekte der Anziehung, die die nicht mit dem Geschlecht zusammenhängen (z. B. Lächeln, Frisur, Körperform und -größe)
- individuelle Eigenschaften wie Humor, Intelligenz, Freundlichkeit oder Extrovertiertheit

Für mich als Schwarze Frau ist es sehr wichtig, dass mein*e Partner*in selbst PoC ist und weiß, wie sich das anfühlt.

- das Alter oder die Lebenserfahrung der Menschen, zu denen wir uns hingezogen fühlen
- ob unsere Sexualität mit Machtdynamiken verbunden ist und ob wir gerne dominant, unterwürfig, beides oder keines von beiden sind
- welche Rollen wir gerne spielen (z. B. aktiv oder passiv, initiierend oder empfangend)
- welche Arten von Empfindungen, Fantasien und Erfahrungen wir genießen

WARUM IDENTITÄT?

Die Erkenntnis, dass Sexualität mehrdimensional ist, hat zu einer Ausweitung sexueller Identitätskategorien geführt.

Ich bin ein biromantischer Beziehungsanarchist, grau-asexuell, Enby (nichtbinär), queer.
Bisexuell oder pansexuell? Und was bitte ist Slash?
Ich bin dann wohl ein polyamouröser, heteroflexibler, allosexueller, metrosexueller Switch. Wer hätte das gedacht?
Krass, ich bin jetzt also skoliosexuell?

Die Erfindung der Sexualität als eine Identität bedeutete, dass Individuen aufgrund ihrer Sexualität kriminalisiert, inhaftiert und pathologisiert werden konnten, öffnete aber auch die Tür für den Kampf um Rechte auf der Grundlage der sexuellen Identität, in Anlehnung an die feministische und die Bürgerrechtsbewegung.

Kategorien helfen den Menschen, ihren Anziehungen einen Sinn zu geben, sich legitimiert zu fühlen, unterstützende Communitys zu finden und für ihre Rechte zu kämpfen. Sie können aber auch zu mehr Diskriminierung führen und Menschen das Gefühl geben, dass sie sich auf eine bestimmte Art und Weise verhalten müssen, um neuen Normen zu entsprechen, und sie auf eine feste Identität statt auf eine ständig verändernde Erfahrungen zu beschränken. Es lohnt sich, den Wert von Labels zu erkennen und sie gleichzeitig nicht zu hoch zu hängen.

Als Schwarze queere Frau, die Beziehungen mit Männern und Frauen geführt hat, betrachte ich mich als frei. Ich las von Pansexualität und dachte mir: »Oh, das sind Dinge, mit denen ich mich auch identifiziere.« Ich bin offen dafür, mehr über mich zu erfahren.

*Musiker*in und Schauspieler*in*
Janelle Monáe

IDENTITÄTSPOLITIK UND QUEERE THEORIE

Queere Theorie und **queerer Aktivismus** haben nicht nur binäre Modelle von Sexualität und Geschlecht in Frage gestellt, sondern auch die Vorstellung, dass Menschen eine sexuelle (oder geschlechtliche) Identität haben, und dass ihr Zugang zu Rechten auf dieser Identität basieren sollten.

Identität ist keine Ansammlung von kleinen Kästchen. Sie fließt zwischen und über die Aspekte einer Person. Sie ist ein Fluss: ein Prozess.
Queertheoretikerin
Gloria Anzaldua

Identitätspolitik zielt auf die Eingliederung in die bestehende Gesellschaftsordnung, anstatt diese in Frage zu stellen und denjenigen zu helfen, die von ihr ausgegrenzt werden. Sie kann auch auf eine Achse der Unterdrückung fokussieren, die für uns und unsere Kategorie persönlich relevant ist, aber nicht für alle. Es gibt viele gute Gründe, sich der westlichen sexuellen Kategorisierung auf der Grundlage der Objektwahl zu widersetzen. Wie Cathy Cohen jedoch hervorhebt, können queere Perspektiven, die die Abschaffung von Kategorien fordern, manchmal ignorieren, wie wichtig soziale Identitäten und Gemeinschaften sein können, um das eigene Überleben sicherzustellen.

Ich vertrete diejenigen, die gar nicht normal sein wollen, sondern die Dinge feiern, die sie einzigartig machen.

ZURÜCK ZU UNSEREN ANNAHMEN

Lass uns die gängigen Annahmen über Sexualität, die wir zu Beginn dieses Kapitels gehört haben, noch einmal überdenken:

Sexualität ist binär: Du bist entweder hetero, oder Du bist homo
Nö, viele Menschen fühlen sich zu mehr als einem Geschlecht hingezogen.
Wir alle haben eine sexuelle Identität
Nicht jede*r. Unsere Selbstidentifikation kann, kann aber auch nicht, mit unserem Verhalten, unseren Wünschen und unserer Anziehungskraft übereinstimmen.
Diese Identität steht fest
Nein, all das kann sich im Laufe der Zeit verändern.
Bei Sexualität geht es ausschließlich um unser Geschlecht, und das Geschlecht, zu dem wir uns hingezogen fühlen.
Nein, jede*r von uns hat eine einzigartige Konfiguration, die auf allen möglichen erotischen oder intimen Verbindungen mit uns selbst oder anderen beruht.

Heterosexualität ist eine Linie, an der wir uns orientieren und auf die wir auch ausgerichtet werden. Das heterosexuelle Paar ist etwas, das durch das wiederholte Beschreiten des schmalen Grats der Heterosexualität angestrebt wird. Diejenigen, die nicht auf dieser Linie bleiben, können sich orientierungslos fühlen.

Queertheoretikerin und Autorin von »Queere Phänomenologie«, ***Sara Ahmed***

KAPITEL 3: DER SEXAKT

In seinen Workshops lädt der Schriftsteller und Antipsychiatrieaktivist Sascha Altman DuBrul die Teilnehmer*innen ein, über die folgende Frage nachzudenken:

Wie fühle ich mich, wenn ich am lebendigsten bin?
Ich fühle mich wirklich in meinem Körper, bewege mich frei und mache mir nicht ein einziges Mal Gedanken darüber, wie andere mich sehen.
Ich merke, wie ich mich mit Menschen, die ich auf der Straße oder im Zug sehe, verbunden fühle: ein geteilter Moment.
Ich bin einfach total in dem drin, was ich gerade tue.
Kreativ und aufgeregt, mit einer unterschwelligen Gelassenheit: einem Gefühl der Leichtigkeit und Zufriedenheit mit mir selbst.
Ihr meint, Menschen fühlen sich nicht immer so?

DAS EROTISCHE

Inwiefern ist ›sich lebendig fühlen‹ relevant für die Sexualität im Sinne dessen, was wir sexuell tun?

Audre Lorde beschreibt ›das Erotische‹ als diese Art von Gefühl der Lebendigkeit. Das erotische Gefühl ist das, was sexueller Kontakt mit uns selbst und anderen Menschen – wie auch viele andere Erfahrungen – in uns auslösen kann.

Für mich gibt es keinen Unterschied zwischen dem Schreiben eines guten Gedichts und der Bewegung ins Sonnenlicht gegen den Körper einer Frau, die ich liebe.
Audre Lord

Wenn wir über Sexualität nachdenken, könnten wir diesen Sinn für das Erotische und alle Aktivitäten, die ihn erwecken, erforschen und uns vielleicht fragen, welche wir überhaupt als ›Sex‹ bezeichnen und warum.

Sex könnte zu einer Art von Praxis werden, die es uns ermöglicht, dieses Gefühl der Lebendigkeit, Kreativität und Verbundenheit mit anderen in unserem weiteren Leben zu finden. Und wir könnten das, was wir über dieses Gefühl lernen, anderswo wieder in den Sex einbringen.

Nachzuspüren, ob wir ›das Erotische‹ fühlen, wäre ein guter Weg, um Zustimmung zu uns selbst und zu anderen sicherzustellen (mehr dazu in Kapitel 7).

WAS IST SEX?

Wenn Du Begriffe wie ›Sexakt‹, ›Sex haben‹ oder ›Geschlechtsverkehr‹ hörst, ist es unwahrscheinlich, dass Du sie mit den Handlungen in Verbindung bringst, bei denen Du Dich am lebendigsten fühlst. Wenn Du wie die meisten Menschen bist, denkst Du wahrscheinlich nicht einmal an die Aktivitäten, die Dich am geilsten machen, oder Dich am meisten erregen (falls Du so etwas erlebst). Stattdessen denkst Du wahrscheinlich an Folgendes:

Sexratgeber konzentrieren sich überwiegend – oft sogar ausschließlich – auf die verschiedenen Arten und Weisen, wie man diese Art von Sex haben kann. Andere Formen des Sex werden in das Vorspiel gepackt, zu einer Art Übungspraxis für ›echten Sex‹ degradiert (z. B. Oralsex, Solosex) oder auf Zusätze zum ›echten Sex‹ reduziert, um diesen aufzupeppen (z. B. Kink* oder Sexspielzeug). PIV-Verkehr steht immer im Fokus.

In diesem Kapitel gehen wir der Frage nach, wie wir zu diesem Verständnis davon gekommen sind, was Sex ist und wozu er gut ist. Wir werden sehen, wie das gegenwärtige wissenschaftliche, medizinische und therapeutische Verständnis von sexuellen Störungen oder Fehlfunktionen diese Sichtweise aufrechterhält. Wir werden uns mit den Auswirkungen für diejenigen befassen, die von diesem Verständnis von Sex ausgeschlossen oder darin einbezogen sind.

* Kink bedeutet übersetzt ›pervers‹ und ist die Beschreibung für unkonventionelle Praktiken (A.d.Ü.)

VIELEN DANK, SIGMUND

Neben der Tatsache, dass für ihn das ›andere Geschlecht‹ das Objekt einer reifen Sexualität war, stellte Freud die These auf, dass eine reife Sexualität ganz auf die Genitalien ausgerichtet ist.

Daraus ergibt sich die Vorstellung, dass Sex, der andere Körperteile beinhaltet, gegenüber Sex, bei dem die Genitalien in Kontakt sind, minderwertig ist. Wir fürchten außerdem, dass die Art von Sex, auf die wir stehen, uns als Menschen mit grundlegenden Charakterfehlern entlarvt.

Kinder durchlaufen eine Reihe von Phasen, in denen sie erotisch auf andere Körperteile fokussiert sind, bevor sie sich auf die Genitalien konzentrieren. Wie beim Sexualobjekt sind diese Phasen mit einer bestimmten Art von Person verbunden. Oral fixierte Menschen zum Beispiel sind naiv, während analfixierte Menschen verklemmt sind.

Freud hielt auch jede Art der manuellen Stimulation der Genitalien – durch sich selbst oder eine andere Person – für unreif. Er glaubte, dass gesunde Menschen durch Penetration zum Orgasmus kämen und dass ›vaginale Orgasmen‹ den klitoralen Orgasmen überlegen seien. Heute wissen wir, dass es dazwischen keinen Unterschied gibt, denn der – viel größere – innere Teil der Klitoris erstreckt sich um die Vagina herum.

MASTERS OF SEX

William Masters und Virginia Johnson waren US-amerikanische Sexualwissenschaftler*innen, deren Arbeiten nach denen Kinseys erschienen. Vielleicht wegen der Kontroversen um Kinseys Arbeit untersuchten sie eher ›normalen Sex‹ als die gesamte Vielfalt von Sexualitäten und Sexualpraktiken. Sie setzten auf Beobachtung, anstatt sich darauf zu verlassen, dass Menschen über ihre sexuellen Erfahrungen berichten, und konzentrierten sich auf physiologische Vorgänge, anstatt zu untersuchen, wie Sex mit dem übrigen Leben einer Person zusammenhängt.

Da sie sich bei ihren Beobachtungen auf heterosexuelle Paare konzentrierten, die PIV-Sex hatten, verstärkten ihre Ergebnisse unweigerlich die Ansicht, dass Sex eben so ist.

Auf der Grundlage ihrer Beobachtungen entwickelten Masters und Johnson den **sexuellen Reaktionszyklus**: eine Art Drehbuch mit den Phasen, die Sex durchlaufen sollte, wie lange diese Phasen dauern sollten, und wie unser Körper in jeder Phase reagieren sollte.

Erregung: Genitalien schwellen an
Plateu: wachsender Erregungsgrad
Orgasmus: es kommt zu rhythmischen Muskelkontraktionen
Rückbildung: Herzschlag und Atmung normalisieren sich und die Erregung lässt nach

Darin begründet lag die Idee, dass eine Abweichung von diesem Skript als gestört oder dysfunktional angesehen werden könnte.

DIE SEXUELLEN FUNKTIONSSTÖRUNGEN

Das überarbeitete Modell der Sexualforscherin Helen Singer Kaplan wurde zur Blaupause für sexuelle (Funktions-)Störungen, wie sie im Diagnostischen und Statistischen Manual (DSM) der *American Psychiatric Association* kategorisiert sind, das Ärzt*innen und Sexualtherapeut*innen zur Diagnose verwenden. Die International Classification of Diseases (Internationale statistische Klassifikation der Krankheiten, kurz: ICD) der Weltgesundheitsorganisation enthält ähnliche Kategorien.

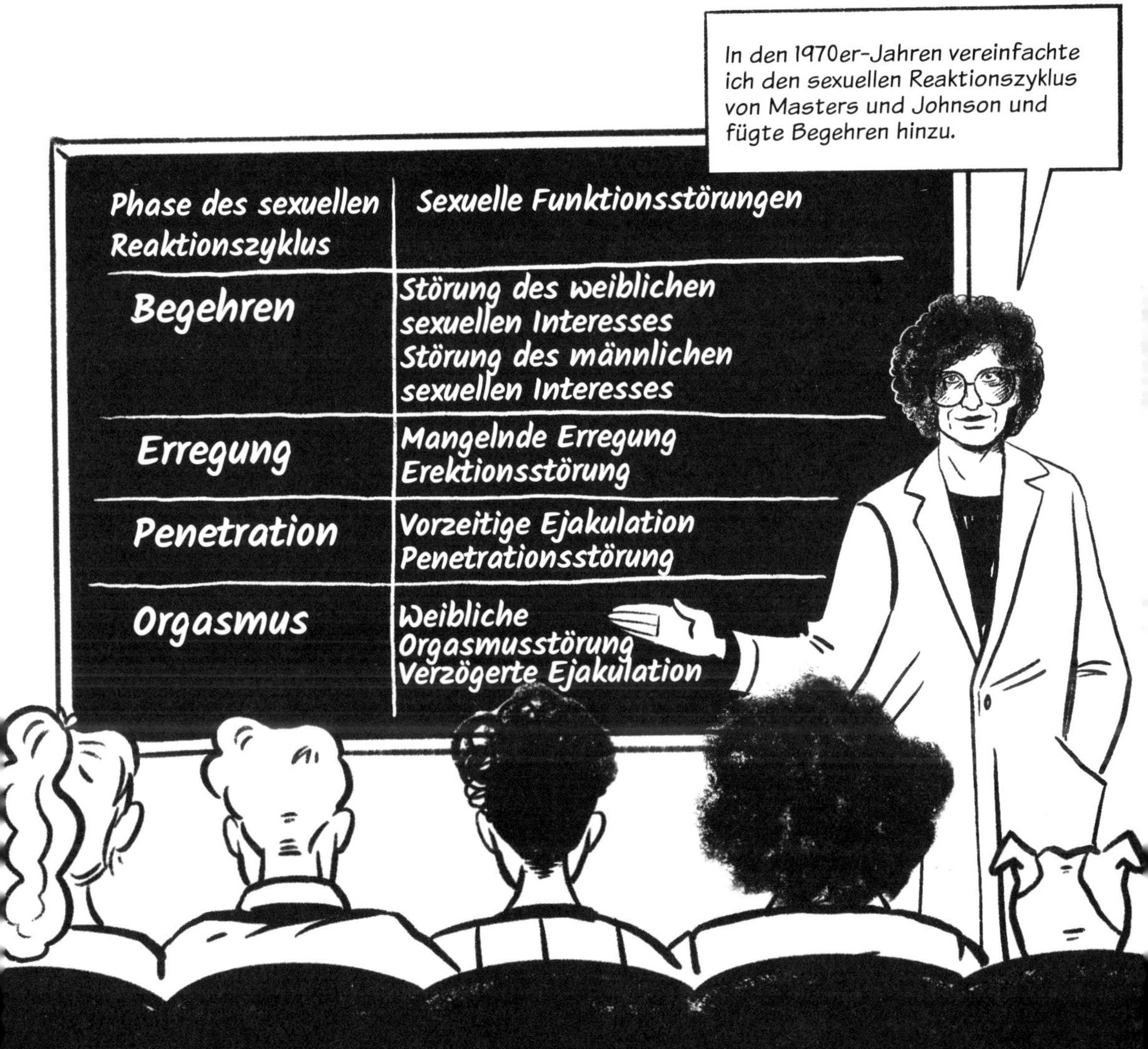

Wir werden uns das DSM und seinen Abschnitt über ›paraphile Störungen‹ im nächsten Kapitel erneut ansehen. Zwischen diesen Abschnitten gibt das DSM eine klare – begrenzte – Vorstellung davon, was als normaler, funktionaler Sex gilt und was nicht.

›FUNKTIONALER SEX‹

Universelle Modelle menschlicher sexueller Reaktionen und die darauf basierenden diagnostischen Kriterien implizieren, dass Sex eine lineare Progression bis zum Orgasmus durch Penis-in-Vagina-Sex (PIV) sein sollte.

Wenn PIV nicht als zentraler, wesentlicher Bestandteil von Sex angesehen würde, bräuchte es keine Kategorien für Penetrationsstörungen (bei denen die Vagina für die Penetration zu stark schmerzt oder angespannt ist) oder vorzeitige Ejakulation (vorzeitig in Bezug worauf?).

Die Tatsache, dass es kein weibliches Äquivalent zur vorzeitigen Ejakulation gibt, ist bezeichnend, da der Orgasmus von Frauen vor der Penetration die PIV nicht beeinträchtigt und daher nicht als wichtig angesehen wird.

Umfragen in Großbritannien zeigen, dass mehr als die Hälfte der erwachsenen Bevölkerung an mindestens einer ›sexuellen Funktionsstörung‹ leidet. In den letzten Jahrzehnten hat man sich sehr darauf konzentriert, medikamentöse Behandlungen und andere physiologische Lösungen für diese ›Dysfunktionen‹ zu finden. Wäre dies auch der Fall, wenn sich stattdessen andere Modelle für menschliche sexuelle Aktivität entwickelt hätten?

Die Gefahr der Universalisierung von Modellen, psychiatrischen Kategorien und medizinischen Behandlungen in diesem Bereich besteht darin, dass sie einen Anschein von wissenschaftlicher Objektivität erwecken, der etwas verdeckt, das in Wirklichkeit sehr politisch und wertebehaftet ist.
Psychiaterin and Autorin von »Sexuality: A Biopsychological Approach«, Chess Denman
DSM
wissenschaftliche Objektivität
Objektivität? Alles klar…

WEN SCHLIESSEN DIESE MODELLE AUS, UND WAS SIND DIE KONSEQUENZEN?

Das Modell des funktionalen Sex schließt alle aus, die sich nicht an sexuellen Aktivitäten beteiligt oder kein Verlangen/keine Erregung verspürt, und alle deren zentrale sexuelle Aktivitäten keinen PIV-Sex und/oder Orgasmus beinhalten. Es schließt auch Paare aus, deren kombinierte Genitalien zwei Penisse oder zwei Vulven sind, oder all´ jene deren Körper nicht dem Standardverständnis von ›männlichen‹ oder ›weiblichen‹ Genitalien entspricht.

Würde man die in LGBTQI+-Communitys am häufigsten vorkommenden Arten von Sex als ›funktionalen‹ Sex betrachten, könnte man verschiedene Kategorien von Störungen feststellen, wie z. B.:

- Würgereflex-Störung
- Anale Penetrationsstörung
- RSI-Syndrom (›Mausarm‹)

Homosexualität wird zwar nicht mehr als Störung aufgeführt, aber die Liste der sexuellen Funktionsstörungen zeigt, dass Heterosex und damit auch Heterosexuelle immer noch als normal angesehen werden. Das Vorhandensein eines heteronormativen Skripts bedeutet auch, dass LGBTQI+-Gemeinschaften oft ihre eigenen, ebenso einschränkenden Skripts darüber entwickeln, was beim Sex erwartet wird.

Immer noch dasselbe alte Drehbuch ...

Männer, die Sex mit Männern haben, können das Gefühl haben, dass sie Analsex haben sollten, und es werden Annahmen vom Heterosex übernommen, wie zum Beispiel, dass der ›Bottom‹ (der penetriert wird) weiblicher, unterwürfiger oder schwuler ist als der ›Top‹.
Arzt und Autor von »Standing on his Shoulders«, David Malebranche

WIE WIRKT SICH DIES AUF DIEJENIGEN AUS, DIE IM MODELL ENTHALTEN SIND?

Die Vorstellung, dass PIV-Sex die normale, funktionale Art ist, Sex zu haben, ist auch schlecht für Menschen, die PIV-Sex haben können. Erstens ist das Risiko einer Schwangerschaft und sexuell übertragbarer Infektionen weitaus größer als bei vielen anderen Formen des Sex. Außerdem genießen viele Menschen andere Formen des Sex mehr, haben aber das Gefühl, dass sie auf PIV zurückgreifen müssen. Viele Körper empfinden genauso viel – oder mehr – Lust in Bereichen, die nicht der Penis/die Vulva sind.

Mehr als 3/4 aller Frauen benötigen externe klitoraler Stimulation, um zum Orgasmus zu kommen. Andere Formen von Sex als PIV sind dafür oft besser geeignet. 90 % der Frauen beziehen Penetration nicht beim Solo-Sex ein.

Sexologin und Autorin von »I am Sex«, **Tamara Griffin**

PIV kann für Menschen schwierig oder schmerzhaft sein, und dennoch wird vielen behinderten Menschen gesagt, sie sollten lieber auf Sex verzichten, als andere Formen von Sex zu erkunden.

Queertheoretiker und Herausgeber von »Sex and Disability«, **Robert McRuer**

Können wir endlich mal frei improvisieren? Ich habe gerade überhaupt keinen Spaß.
Drehbuch
Drehbuch

Nur ein Drehbuch zu haben bedeutet, dass Menschen das als die Standardvariante annehmen, anstatt zu prüfen, was sie – und andere – eigentlich wollen, was ungewollten und nicht einvernehmlichen Sex wahrscheinlicher macht.

GESCHLECHT UND SEX

Feminist*innen haben darauf hingewiesen, dass das sexuelle Drehbuch auch geschlechtsspezifisch ist. Es verweigert Frauen sowohl Lust als auch Handlungsfähigkeit.

Die Idee der ›verzögerten Ejakulation‹ suggeriert, dass der Orgasmus und die Ejakulation des Mannes für Sex entscheidend sind, die der Frau dagegen nicht. Die Sprache rund um PIV verstärkt diesen Fokus auf männliches Vergnügen und Handlungsfähigkeit. Warum nennen wir PIV ›penetrativen Sex‹, wenn ›umhüllender Sex‹ genauso zutreffend wäre?

Hey Kleine, lass Ficken!
Die würd ich nageln.
Da will ich rein.
Igitt. Das klingt nicht gerade nach Spaß für mich, die passive Rezipienten, die ›genagelt‹ wird. Was ist mit dem, worauf ich Lust habe?

Vielen Frauen fällt es schwer zu erkennen, was sie anmacht, weil das (hetero)sexuellen Skript so wenig auf ihre Lust fokussiert. Dies hängt mit dem allgemeinen Druck auf Frauen zusammen, ›für andere‹ und nicht ›für sich selbst‹ zu sein.

Das sexuelle Skript ist aber auch für Männer nicht gerade toll.

Von Männern wird erwartet, dass sie sich wie emotionslose Maschinen verhalten, die immer bereit, willig und fähig zum Sex, und auf ihre Leistung konzentriert sind. Die Vorstellung, dass weiche Penisse für Männer ein Versagen darstellen, hängt mit weiteren Stereotypen von Männlichkeit zusammen, die für Männer schlecht sind: nicht weich oder sanft zu sein, oder nicht offen mit ihren Gefühlen umzugehen.

Forscherin und Autorin von »The Science/Fiction of Sex«, ***Annie Potts***

DER SEXUELLE IMPERATIV

Das normative Modell von Sex enthält eine weitere wichtige Grundannahme: dass Sex (genitaler, orgasmischer) notwendig oder zwingend ist. Die Sexualwissenschaftlerin Kristina Gupta schreibt über diesen Imperativ in ihrem Buch Medical Entanglements.

Der **sexuelle Imperativ** – oder die Pflichtsexualität – beinhaltet den Glauben, dass:
- **sexuelle Beziehungen** die privilegiertesten Arten sind, sich auf andere zu beziehen.
- **Sexualität und Identität** miteinander verflochten sind.
- **Sex** ist **gesund**.

Diese Ideen finden sich in vielen Sexualratgebern wieder, in denen häufig Dinge stehen wie:

Unsere **Sexualität** ist Teil unserer **Seele** oder **Identität**.
>Sexlose< Beziehungen **müssen** unweigerlich enden.
Sex ist ein natürliches menschliches Bedürfnis, so wie **Essen** oder **Atmen**.
Sex ist der Kitt, der Beziehungen **zusammenhält**.
Regelmäßiger Sex ist essentiell für die geistige und körperliche Gesundheit, ebenso wie für eine feste Beziehung.

Sex und Sexualität sind in unserer Kultur von zentraler Bedeutung, und wir sind dazu übergegangen, unsere Praktiken der Freude und der Liebe, des Lebens und der Erfüllung – wie auch institutionelle Strukturen – um Konzeptionen des sexuellen Imperativs herum zu organisieren.
Feminismusforscher*in und Autorin von »Asexual Robotics«, **Ela Przybylo**

ASEXUALITÄT

Asexuelle (ace) Menschen stellen den sexuellen Imperativ radikal in Frage und zeigen, dass es durchaus möglich ist, ein gesunder Mensch zu sein – und gute Beziehungen zu haben – ohne sexuell zu sein.

> *Aufgrund eindeutiger Beweise wurde in der jüngsten Version des DSM klargestellt, dass asexuelle Menschen nicht als gestört diagnostiziert werden sollten, und in den Leitlinien für gute Praxis heißt es, dass Therapeut*innen Asexualität niemals ›behandeln‹ sollten.*

Psychologin ***Lori Brotto***

> *Dennoch gibt es immer noch stigmatisierende Ansichten über asexuelle Menschen. Vielen wird von Freund*innen und Fachleuten gesagt, es sei nur eine Phase, oder sie müssten geheilt werden.*

Sexualitätsforscherin ***CJ DeLuzio Chasin***

Stattdessen könnten wir alle von Menschen aus dem asexuellen Spektrum lernen:

- Dass es in Ordnung ist, keine sexuelle Anziehung oder kein sexuelles Verlangen zu empfinden, manchmal oder die ganze Zeit.
- Wir uns sexuell und romantisch zu verschiedenen Menschen hingezogen fühlen können, oder eine Art von Anziehung ohne die andere empfinden, oder keine von beiden (siehe S. 53 und 108).
- Dass es in Ordnung ist, sexuelle Anziehung nur unter bestimmten Bedingungen zu empfinden, zum Beispiel bei emotionaler Nähe.

ASEXY und
stolz darauf!

SEXUELLE DISKREPANZEN UND FLUKTUATION

Teil des sexuellen Imperativs ist die verbreitete Vorstellung, dass jeder Mensch das gleiche Maß an sexuellem Verlangen verspüren und genauso oft pro Woche Sex haben sollte, wie alle anderen.

Das ist eine ziemlich merkwürdige Vorstellung, wenn man darüber nachdenkt. Nur wenige Aspekte menschlicher Erfahrung funktionieren so. Bei den meisten Dingen bewegen wir uns auf einem Spektrum: Körpergröße, mathematische Fähigkeiten, wie kontaktfreudig wir sind, welche Art von Musik wir mögen. Warum sollte Sex so anders sein?

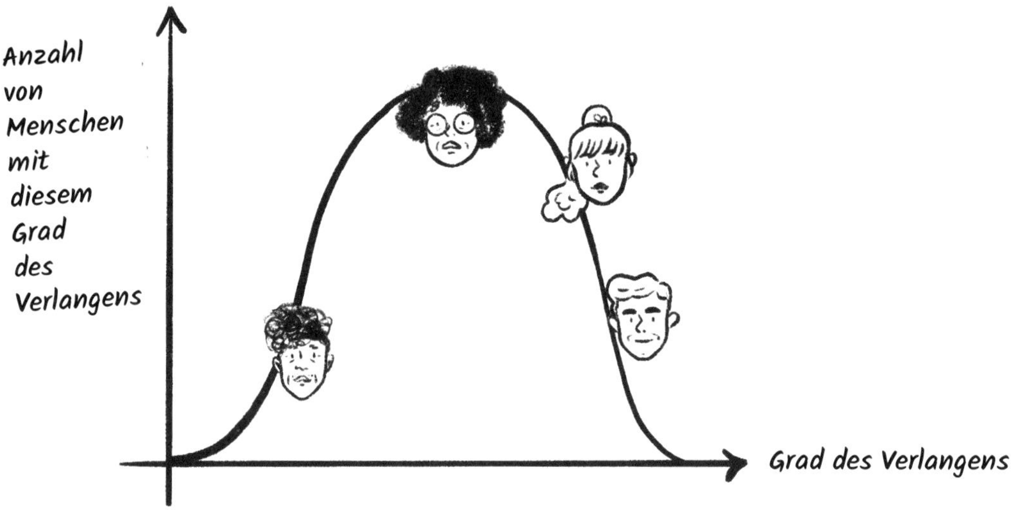
Anzahl von Menschen mit diesem Grad des Verlangens
Grad des Verlangens

Anstatt Diskrepanzen und Schwankungen im Verlangen als Problem in Beziehungen zu sehen, sollten wir sie als völlig normal ansehen (mehr dazu in Kapitel 5)

Nur wenige Beziehungen können gleichzeitig ›heiße‹ Leidenschaft und ›warme‹ Freundschaft aushalten.
Therapeutin und Autorin von »Mating in Captivity«, **Esther Perel**

Die Menge an Sex, die Menschen in Langzeitbeziehungen haben, hat nichts damit zu tun, wie glücklich sie in diesen Beziehungen sind. Viele schätzen andere Formen von Intimität und körperlicher Nähe mehr.
Soziologin und Autorin von »Enduring Love«, **Jacqui Gabb**

DIE TYRANNEI DES NORMALEN

Es gibt eine kulturell vermittelte Vorstellung davon, was die normale sexuelle Orientierung ist, die Menschen haben sollten, von der Norm der sexuellen Attraktivität, die sie anstreben sollten, von normalen erotischen Wünschen, die sie erleben sollten, und von normalen sexuellen Beziehungen, die sie haben sollten. Wir haben hier gesehen, dass uns auch beigebracht wird, eine ›normale‹ Art und Häufigkeit von Sex anzustreben.

Zweimal pro Woche?!
GQ

extherapeutin und Schöpferin von ›The Atlas of Erotic Anatomy and Arousal«, **Cindy Darnell**

> Eine der häufigsten Fragen, die mir gestellt werden, lautet: »Bin ich normal?« Aber wenn Du das, was Du tust, gerne tust und es das ist, was alle Beteiligten wollen, dann ist das für Dich das Normale.

Ich bin für Männer wegen meiner kleinen Brüste nicht attraktiv.

In jüngster Zeit hat das zunehmende Bewusstsein, dass wir großartigen und aufregenden Sex haben und bieten sollten – ohne in ›abnormalen‹ Sex abzugleiten – die Sache noch komplexer gemacht. Wir werden dies im nächsten Kapitel aufgreifen.

> Frauen haben oft das Gefühl, dass sie nicht sagen können, wenn sie beim Sex Schmerzen haben. Es ist ihnen peinlich, dass etwas mit ihnen nicht stimmt, und sie fühlen sich verantwortlich für die Auswirkungen auf ihre*n Partner*in, wobei sie übersehen, dass die Schmerzen dadurch ausgelöst werden, dass ihr Körper sich unsicher fühlt.

Sexologin und Integrative Therapeutin,
Kim Loliya

LUST- ODER ZIELORIENTIERT

Viele sexuelle Normen sehen das Ziel eindeutig in Erektion, Penetration und Orgasmus und nicht in der Entdeckung von Möglichkeiten zur Steigerung der sexuellen Lust.

Ich nenne es die ›rein-raus‹-Theorie der sexuellen Normalität und die »biste gekommen?« –Theorie der sexuellen Befriedigung.

Sextherapeutin und Autorin von »The Heart & Soul of Sex«,
Gina Ogden

Während sich die Mainstream-Sexpertise heute auf Vergnügen konzentriert – heißeren, aufregenderen, kraftvolleren Sex zu haben – beschränkt sie sich immer noch meist auf das Erreichen oder Verbessern von Orgasmen.

Feministische Soziologin
Laura Harvey

Untersuchungen haben ergeben, dass junge Frauen häufig einen Orgasmus vortäuschen, um unerwünschten Sex zu beenden. Das standardmäßige sexuelle Drehbuch und die emotionale Arbeit, die Gefühle anderer zu schützen, die von ihnen erwartet wird, können dazu führen, dass lustvoller – oder sogar einvernehmlicher – Sex unmöglich wird.

Der Versuch, einen Orgasmus zu erreichen, führt zu weniger Lust beim Sex und macht einen Orgasmus unwahrscheinlicher. Das ist so, als würde man versuchen, einzuschlafen, wenn man unter Schlaflosigkeit leidet. Es gibt alternative Ansätze:

- In jedem Moment einer sexuellen Begegnung präsent sein
- Sich von jedem Drehbuch befreien und sich immer wieder darauf einstellen, was sich gut anfühlt
- Sich auf die Reise konzentrieren, ohne ein bestimmtes Ziel vor Augen zu haben
- Unser Verständnis des Höhepunkts erweitern.

URBAN TANTRA
BARBARA CARELLAS

DIE BEDEUTUNG VON SEX

Ein weiterer Punkt, der in gängigen Sexualitätsmodellen fehlt, ist die Frage, warum Menschen überhaupt Sex haben. Sexuelle Erfahrungen – und Kämpfe – haben für verschiedene Menschen unterschiedliche Bedeutungen, abhängig von ihrem kulturellen Kontext und ihren persönlichen Erfahrungen. Ein Orgasmus kann zum Beispiel bedeuten:

Ich habe Leistung erbracht! Gott sei Dank. Ich bin stark und kompetent und heiß und wild.
Oh nein. Er hat gesehen, wie ich die Kontrolle verloren habe. Das macht mich so verletzlich, und ist total entmächtigend.
Ich fühle mich so verbunden mit allem, transzendent, als wäre ich nicht mehr in meinem Körper.
Für mich fühlt sich das wie ein ziemlich natürliches Loslassen an.

Es ist wichtig, auf unseren Körper zu hören, wenn er bestimmte Erfahrungen ablehnt. Es gibt dafür wahrscheinlich einen guten Grund. Ein Penis oder eine Klitoris werden vielleicht nicht steif – oder eine Vagina oder ein Anus verkrampfen sich – weil jemand trauert, ein*e Überlebende*r ist, Scham empfindet, diese Art von Sex nicht angenehm findet, gestresst ist oder der anderen Person nicht vertraut.
Sextherapeutin **Peggy Kleinplatz**

Was bedeutet es, wenn wir auf diese unerlässliche Kommunikation reagieren, indem wir versuchen, unseren Körper und den der anderen zu zwingen, dem sexuellen Script zu entsprechen?

DAS GEFÜHL VON SEX: WIE, NICHT WAS

Anstatt mit einem Standard-Skript zu beginnen, könnten wir uns zunächst fragen, wie sich jede*r Beteiligte*r am Ende fühlen möchte, und dann erkunden, was wir tun könnten, um dies zu ermöglichen.
Sextherapeut*in und Autor*in des Blogs »Love Uncommon« Sophia Graham
Ich fühle mich gerne begehrenswert, aber in letzter Zeit liebe ich es, wenn ich mich kreativ und aufgeregt fühle, einfach Spaß habe.
Ich würde mich gerne friedlich, warm und müde fühlen.
Manchmal möchte ich mich stark und kompetent fühlen, ein anderes Mal so, als hätte ich alle Kontrolle abgegeben.

Andere wollen vielleicht ihrem Körper entfliehen oder sich in ihrem Körper fühlen, sich ablenken, ihre Beziehung bekräftigen, die anderen dazu bringen, sich ihnen gegenüber verpflichtet zu fühlen, und vieles mehr.

In der Sexualtherapie und der Sexualberatung geht es in der Regel darum, was Menschen sexuell tun, und nicht darum, wie sie sich mit Sex beschäftigen. Dies erleichtert den Verkauf von endlosen Produkten, Medikamenten, Behandlungen und Apps, die eine bestimmte Art von Sex und das Erreichen eines bestimmten Ziels ermöglichen sollen.

Die Alternative ist, sich darauf zu konzentrieren, wie man beim Sex präsent ist, sich auf seine Wünsche einstellt, diese kommuniziert, bestimmte Gefühle hervorruft und sich mit sich selbst und anderen verbindet.

ANDERE MÖGLICHE AUFFASSUNGEN VON SEX

Wir haben jetzt problematische Metaphern für Sex wie Drehbücher und Baseballspiele kritisiert. Wie aber könnten wir diese verbessern?

Ein besseres Modell wäre Pizza. Man isst sie, wenn man Lust darauf hat, nicht wenn der Coach sagt, dass man sie essen soll. Man isst sie zum Vergnügen, nicht um zu gewinnen. Du nimmst die Beläge, die du am liebsten magst: immer die gleichen oder jedes Mal andere. Du hörst auf, wenn du satt bist. Du kannst alleine oder mit anderen essen, und du sprichst immer mit anderen darüber, welche Pizza du essen willst, bevor du bestellst.

Sexpädagoge **Al Vernacchio**

Oder wie wäre es mit Tanzen? Tanzen lernen wir von unserer Umwelt. Es gibt viele verschiedene Stile, die von Kultur zu Kultur variieren und sich im Laufe unseres Lebens verändern. Wir haben die freie Wahl, wie, oder ob wir überhaupt tanzen wollen. Wenn wir Probleme mit dem Tanzen haben, können wir für Unterricht bezahlen, von anderen Menschen in unserem Leben lernen oder einen neuen Tanz ausprobieren.

Therapeutin und Autorin von »Sex Is Not A Natural Act«, **Leonore Tiefer**

DIVERSITÄT: WAS IST SEX NOCHMAL?

Würden mehr als die Hälfte der Menschen über sexuelle Schwierigkeiten berichten, wenn Sex mit einer dieser neuen Metaphern breiter definiert würde?

Wir können unser Verständnis erweitern, indem wir alle Aktivitäten auflisten, die jemand erotisch oder sinnlich finden könnte. Alle sind gleichermaßen gültig – solange sie einvernehmlich sind. Wir können darüber nachdenken, bei welchen Aktivitäten wir ›Ja‹, ›Nein‹ oder ›Vielleicht‹ sagen, und was sie für uns bedeuten würden. Wir können Listen mit potenziellen Sexpartner*innen austauschen, um unsere Überschneidungen zu finden.
Sexualpädagoge und Autor von »Enjoy Sex«, Justin Hancock

Die meisten Menschen führen solche Gespräche nicht. Die Psychologin Sandra Byers fand heraus, dass Menschen, die seit mehr als zehn Jahren in einer Beziehung sind, gerade mal etwa 60% dessen verstehen, was ihr*e Partner*in sexuell mag, und nur etwa 20% dessen, was er*sie nicht mag. Menschen tun sich auch schwer damit, ihre Wünsche und Abneigungen mitzuteilen, wenn sie sich verabreden oder eine Beziehung eingehen. Es herrscht immer noch die Vorstellung vor, dass es unsexy ist, über Sex zu reden, anstatt es als eine potenziell sehr sexy Methode zu sehen, um sowohl angenehmen als auch einvernehmlichen Sex zu gewährleisten.

Wie wäre es, wenn alle Formen von Sex – sowie die Kommunikation über Sex – in den Medien, in der Sexualberatung, in Pornos und in der Sexualkunde repräsentiert würden?

SEX IM KULTURELLEN KONTEXT

Auf das Thema der Einbettung normativer Sexualität in Patriarchat, Kolonialismus und Kapitalismus zurückkommend, ist es bezeichnend, dass die Erkennung und Behandlung ›weiblicher sexueller Funktionsstörungen‹ erst dann relevant wurden, als die sexuelle Unzufriedenheit von Frauen zu einer Bedrohung für die heterosexuelle Ehe und die Kernfamilie wurde.

Ein begrenztes Verständnis von Sex erzeugt die ständige Angst, dass es uns an etwas fehlt, und ermöglicht so den Verkauf von Produkten.

Wir müssen eine Pro-Sex- und Pro-Lust-Politik artikulieren, um den rückständigen und erniedrigenden Stereotypen zu begegnen, die die Körper und Leben Schwarzer Frauen objektifizieren, entmenschlichen und entwerten.

Das Crunk Feminist Collective

Schwarze, behinderte, dicke/fette und transsexuelle Feminist*innen haben auf die radikalen Möglichkeiten hingewiesen, die sich aus der Behauptung von Lust in einer Welt ergeben, in der vielen Körpern diese historisch verweigert wurde.

So wie unsere sexuellen Erfahrungen oft die Art und Weise widerspiegeln, wie wir in der weiteren Welt behandelt werden, kann ein Umdenken beim Thema Sex dazu führen, dass die Art und Weise, wie unser Körper, unsere Begierden, unser Leben und unsere Arbeit behandelt werden, in Frage gestellt wird.

Das Erotische wird gefürchtet und allein ins Schlafzimmer verbannt, weil wir, sobald wir beginnen, alle Aspekte unseres Lebens tief zu fühlen, auch damit beginnen, von uns selbst und unseren Aktivitäten zu verlangen, dass sie in Übereinstimmung mit der Freude sind, von der wir wissen, dass wir zu ihr fähig sind.

Audre Lorde

KAPITEL 4: SEXUELLES VERLANGEN UND ›NORMALSEIN‹

Wir haben gesehen, wie unser historisches wissenschaftliches Verständnis von Sexualität mit kolonialistischem und kapitalistischem Denken verknüpft war und wie dies die Definition einiger Leben und Körper als ›normaler‹ als andere erforderte, um ihre ungleiche Behandlung zu rechtfertigen. Wir haben auch gesehen, wie es zum Projekt der Sexualwissenschaft wurde, abnormale ›Abweichungen‹ oder ›Perversionen‹ von vermeintlich normalen sexuellen Praktiken abzugrenzen.

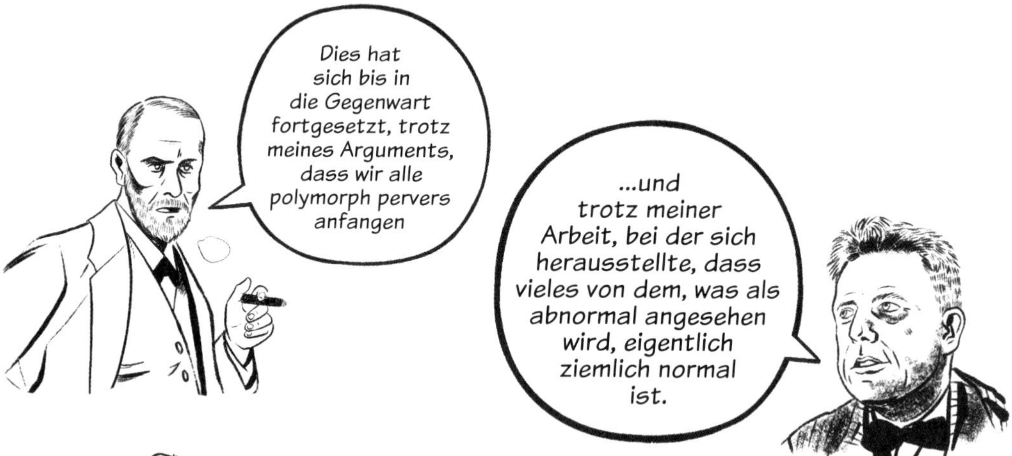
Dies hat sich bis in die Gegenwart fortgesetzt, trotz meines Arguments, dass wir alle polymorph pervers anfangen
...und trotz meiner Arbeit, bei der sich herausstellte, dass vieles von dem, was als abnormal angesehen wird, eigentlich ziemlich normal ist.

Neben sexuellen Funktionsstörungen werden auch **Paraphilien** (abnormale sexuelle Begierden) in Kategorisierungen psychischer Störungen einbezogen. In diesem Kapitel werden wir gängige Annahmen über normales/abnormales sexuelles Verlangen kritisch hinterfragen, wie zum Beispiel:

- Die Unterscheidung zwischen normalem und abnormalem Verlangen wird durch wissenschaftliche Erkenntnisse gestützt.
- Die meisten Menschen sind normal, und nur wenige sind abnormal.
- Normale Menschen sind glücklicher, gesünder und haben ein besseres Sexualleben.
- Wir alle sollten normalen Sex anstreben.

Und wir werden uns fragen, was wir von denjenigen lernen können, die sexuelle Wünsche jenseits des ›Normalen‹ äußern.

BEZÜGLICH BEGIERDEN

Um herauszufinden, ob die Einteilung in normal/unnormal der nützlichste Weg ist, um zwischen Begierden zu unterscheiden, sollten wir darüber nachdenken, wie wir entscheiden würden, welche Bedürfnisse Anlass zur Sorge geben. Würdest Du Dir Sorgen machen, wenn ein Freund diesen Wünschen Begierden nachginge? Und warum?

Ich liebe es, in beängstigende Situationen versetzt zu werden, die mich zum Weinen und Schreien bringen. Ich kann Leute dafür bezahlen, dass sie mich in ein spezielles Gerät stecken, das mich in diesen Zustand versetzt. Ich weiß vorher nie genau, was passieren wird, und wenn ich einmal angefangen habe, gibt es keine Möglichkeit, aufzuhören. Aber wenn es vorbei ist, werde ich sie anflehen, es wieder zu tun.
Meine Fantasie ist eine öffentliche Szene, die ich wochenlang vorbereiten würde. Ich würde enge Kleidung anziehen, mein männlicher Partner auch. Unser Publikum würde uns dabei zusehen, wie wir uns gegenseitig schlagen und würde unsere Körper bewundern. Das kann zu bleibenden Schäden führen, aber es wäre den Nervenkitzel wert.
Ich möchte eine*n Fremde*n dafür bezahlen, mir extreme Schmerzen im Genitalbereich zuzufügen. Es wird keinen dauerhaften Schaden verursachen, und ich werde mich danach so attraktiv fühlen.
Manchmal treffe ich mich privat mit einer Gruppe, um anderen bei Rollenspielen zuzusehen, wie sie gedemütigt, geschlagen und gequält werden. Ich genieße diese Abende sehr.

Wir werden auf diese Beispiele auf Seite 83 zurückkommen.

SEXUELLE HIERARCHIE: BIS HIERHER ...

Wie wir auf Seite 21 gesehen haben, haben verschiedene Kulturen im Laufe der Zeit zwar unterschiedliche Kriterien verwendet, aber sie haben immer dazu tendiert, akzeptable von inakzeptablen sexuellen Begierden abzugrenzen. Heute oft verwendete Kriterien sind z.B.:

Ideale sexuelle Begierden
Akzeptanz
PIV Sex eines Hetero-Paars
Analsex zwischen Männern
Solo Sex
Dreier
Gefesselt und geschlagen werden
Von Objekten geil werden
Eine*n Sexarbeiter*in treffen
Sex mit Tieren
Inakzeptable sexuelle Begierden
Schaden sie Dir oder einer anderen Person, und verursachen sie vorübergehende oder dauerhafte Schäden?
Ist es eine seltene oder gängige Praxis? Verursacht sie Schmerzen oder Vergnügen?
Sind andere Menschen daran beteiligt? Sind es Bekannte oder Fremde? Wie extrem ist sie?
Ist das illegal? Ist informierte Zustimmung möglich?

Überleg mal, wo die Praktiken von Seite 76 in der aktuellen Kulturpyramide angesiedelt sind.

Wir haben eine kulturelle sexuelle Hierarchie, eine Art Pyramide der Akzeptanz. Irgendwo darauf ziehen Wissenschaft, Religion, Recht und Medizin eine Linie, die die Begierden, die als normal, gesund und gut gelten, von denen trennt, die als abnormal, ungesund und schlecht angesehen werden.
Gayle Rubin

DIE PARAPHILEN STÖRUNGEN

Medizinische Diagnosehandbücher sind einer der wichtigsten Einflüsse darauf, was eine Kultur als normal und/oder abnormal ansieht. Das DSM-5 definiert eine paraphile Störung als »intensives und anhaltendes sexuelles Interesse, das nicht auf ... genitale Stimulation oder vorbereitendes Streicheln mit phänotypisch normalen, körperlich reifen, einwilligenden menschlichen Partner*innen gerichtet ist«. Aktuell beinhaltet diese Liste:

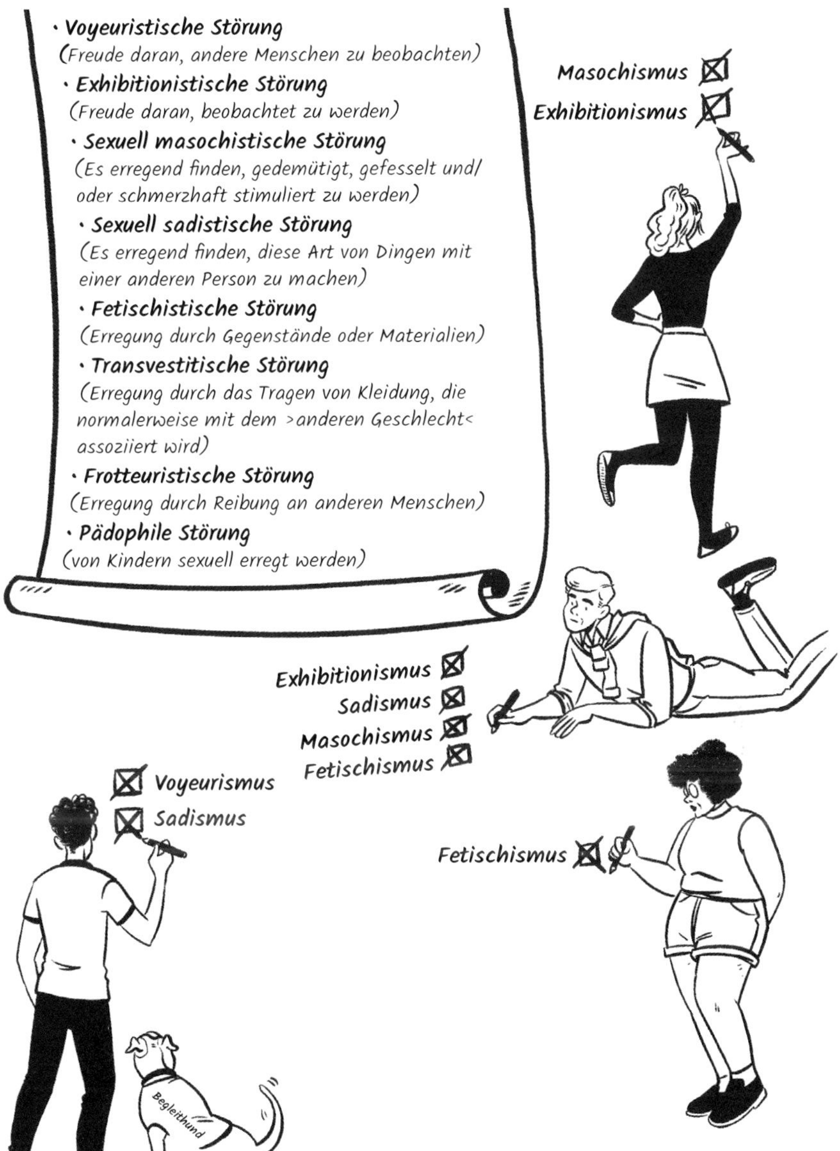

• Voyeuristische Störung
(Freude daran, andere Menschen zu beobachten)
• Exhibitionistische Störung
(Freude daran, beobachtet zu werden)
• Sexuell masochistische Störung
(Es erregend finden, gedemütigt, gefesselt und/ oder schmerzhaft stimuliert zu werden)
• Sexuell sadistische Störung
(Es erregend finden, diese Art von Dingen mit einer anderen Person zu machen)
• Fetischistische Störung
(Erregung durch Gegenstände oder Materialien)
• Transvestitische Störung
(Erregung durch das Tragen von Kleidung, die normalerweise mit dem ›anderen Geschlecht‹ assoziiert wird)
• Frotteuristische Störung
(Erregung durch Reibung an anderen Menschen)
• Pädophile Störung
(von Kindern sexuell erregt werden)
Masochismus
Exhibitionismus
Exhibitionismus
Sadismus
Masochismus
Fetischismus
Voyeurismus
Sadismus
Fetischismus
Begleithund

Bis vor kurzem konnte allein das Erleben dieser Begierden als Paraphilie eingestuft werden. Doch nach der jüngsten Überarbeitung müsstest Du, um als paraphil gestört eingestuft zu werden, folgende Voraussetzungen erfüllen: (A) Diese Vorstellung verursacht seit mehr als 6 Monaten wiederkehrende oder intensive Erregung, und (B) Diese Vorstellung verursacht Leid, Beeinträchtigung oder nicht-einvernehmliches Verhalten.

EIGENES LEID UND ANDEREN ZUGEFÜGTER SCHADEN

Homosexualität: Schützt unsere Kinder vor diesen Perversen!
Bald verfügbar:
Leiden Sie wegen Ihrer Homosexualität?
DSM

Es mag Sinn ergeben, dass Paraphilien als ›Störungen‹ gelten, wenn sie Leiden verursachen, aber ein sexuelles Verlangen zu haben, das kulturell als krank, schlecht oder falsch angesehen wird, führt zu Stigmatisierung und Diskriminierung. Viele Menschen, die ein solches Verlangen verspüren, werden daher wahrscheinlich Leid erfahren.

Die Auflistung Ihrer Begierde im DSM – selbst unter dem Vorbehalt, dass es unter Umständen kein Leid verursacht – verstärkt das kulturelle Gefühl, dass es inakzeptabel oder abnormal ist. Das war in den 1970er-Jahren bei Homosexualität der Fall und gilt auch heute noch für viele ›ausgefallene‹ Begierden.

Es scheint auch nachvollziehbar, dass Paraphilien als ›Störungen‹ gelten, wenn sie anderen schaden könnten – wie es bei praktisch ausgeübter Pädophilie der Fall wäre, oder wie es bei jeder der in der Liste aufgeführten Aktivitäten der Fall wäre, wenn sie ohne die Zustimmung der anderen Person ausgeübt würden.

Es stellt sich jedoch die Frage, ob es sinnvoll ist, das Ausleben eines nicht einvernehmlichen Verlangens als psychische Störung einzustufen und nicht in den Bereich der Strafjustiz oder der Moral einzuordnen, wie es der Fall wäre, wenn jemand der Begierde nach dem Besitz fremden Eigentums oder nach nicht einvernehmlichem PIV-Sex nachgehen würde.

Raten Sie, welcher Promi gefesselt aufgefunden wurde!
Heute in Akte X-Ungelöst:
›Unser Mörder ist vermutlich ein Sadist!‹
Heute Abend auf FREAK DER WOCHE: Was ist Natursekt, und warum in aller Welt würde man ihn mögen?
Empfinden Sie Leid wegen Ihrer Neigung?
DSM

ABNORMAL, ODER KULTURELL INAKZEPTABEL?

Viele nicht-sexuelle Aktivitäten sind mindestens genauso potentiell schädlich, schmerzhaft und wahrscheinlich nicht einvernehmlich wie viele der Aktivitäten, die als Paraphilien aufgeführt sind, aber sie geben selten Anlass zur Sorge, weil sie kulturellen Normen entsprechen.

Auch die Aktivitäten, die auf einer durchschnittlichen Junggesell*innen-party stattfinden, sind oft viel riskanter, nicht einvernehmlich und unkontrollierter als die auf einer Kink-Party oder in einem Club. Genau so könnten wir auch Piercing und Tätowieren, oder Suspensions-Bondage und Bergsteigen miteinander vergleichen.

Die Psycholog*in und Autor*in des Buches Perverse Psychologie, Jemma Tosh, weist darauf hin, dass die Aufnahme der transvestitischen Störung in das DSM auf eine kulturelle Normativität schließen lässt. Diese wird fast ausschließlich bei Männern diagnostiziert. Warum wird männliche Weiblichkeit pathologisiert, aber nicht weibliche Männlichkeit?

PROBLEME MIT DEN PARAPHILIEN

Die Liste enthält eine Ansammlung von Begierden, die dort stehen, weil sie, wenn ausgeübt, nicht einvernehmlich, ungewöhnlich oder potenziell schädlich sind. Viele der Wünsche auf der Liste befinden sich auf einem Spektrum mit Dingen, die auf eine Vielzahl von Menschen zutreffen. Wo ziehen wir die Grenze? Und warum?

Sexualforscher und Autor von »Sadomasochismus«, ***Charles Moser***

Eine Burlesque-Show ansehen ⟷ Voyeurismus

Sexy Materialien anziehen ⟷ Fetischismus

Gerne Blicke anziehen ⟷ Exhibitionismus

Knutschflecke genießen ⟷ Masochismus

Moser weist darauf hin, dass kulturell akzeptierte Sexualitäten ebenso Leid und Beeinträchtigungen verursachen können wie nicht-akzeptierte.

BDSM: BONDAGE UND DISZIPLIN, DOMINANZ UND UNTERWERFUNG, UND SADOMASOCHISMUS

Meine Forschungen in den 1950er-Jahren haben gezeigt, dass es keine nennenswerten Unterschiede zwischen der geistigen Gesundheit homo- und heterosexueller Menschen gibt.

Psychologin **Evelyn Hooker**

Wenn wir die Allgemeinbevölkerung untersuchen, sind ›Kinkster‹ nicht psychisch ungesünder als alle anderen, auch ihre Kindheit ist nicht anders.

Psychologe **Darren Langdridge**

Jüngste Forschungen zu BDSM stellen die gängigen Darstellungen von Kinkster als Menschen mit traumatischen Kindheitserfahrungen in Frage.

Die große Popularität von *Fifty Shades of Grey* zeigt auch, wie verbreitet ›kinky‹, angeblich sexuell ungewöhnliche Wünsche sind: Mehr als ein Drittel aller Menschen benutzen Sexspielzeug, und zwei Drittel haben Fesselungsphantasien. Wie bei der sexuellen Anziehung sollten wir nicht vergessen, dass mehr Menschen ein Verlangen verspüren, als es ausleben oder sich als Kinkster identifizieren. Es ist auch nicht wahrscheinlicher als bei anderen, dass sie durch ihre Aktivitäten Schaden erleiden oder missbraucht werden, was nicht bedeutet, dass diese Dinge nicht vorkommen, aber nicht mehr als bei anderen Gruppen.

Das Stigma, das Kink umgibt, ist gefährlich, weil es bedeutet, dass Menschen weniger Zugang zu guten Informationen darüber haben, wie man Kink praktiziert, oder dass sie sich nicht äußern, wenn es zu Missbrauch kommt, weil sie fürchten, des Beschädigens der eigenen Community bezichtigt zu werden.

Aktivistin **Kitty Stryker**

VON KINKSTERN LERNEN

Wie bei anderen Sexualitäten, die als abnormal gelten, haben Psycholog*innen, Ärzt*innen, Medienproduzent*innen und Journalist*innen versucht, Kinkster zu kategorisieren und die eine, universelle Erklärung für deren Aktivitäten zu finden.

›Kinky‹ Praktiken sind jedoch vielfältig und bedeuten unterschiedliches für unterschiedliche Menschen. Anstatt nach einer allgemeingültigen Erklärung zu suchen, sollten wir überlegen, was wir von denen, die sie praktizieren über Erotik lernen können. Kinkster haben nützliche Methoden entwickelt, um ihre Begierden wahrzunehmen, sie anderen mitzuteilen und sie einvernehmlich auszuleben.

Ich habe einen anspruchsvollen, anstrengenden Job, also brauche ich das, um ab und zu die Kontrolle loszulassen.

Kinkster können uns dabei helfen, unsere erotische Vorstellungskraft über das hinaus zu erweitern, was wir als ›normalen Sex‹ zu verstehen gelernt haben und hinterfragen die Grenzen, die wir zwischen Sex und Spiel, Freizeit, spiritueller Praxis, Kunst, Sport und anderen Aktivitäten ziehen.

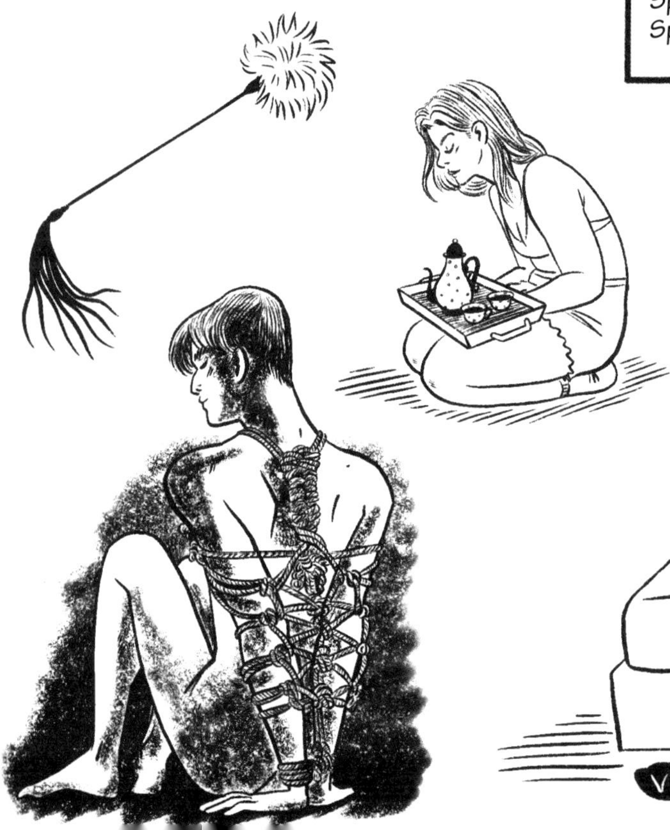

SEXPOSITIV, ODER SEXKRITISCH?

Bei marginalisierten und pathologisierten Sexualitäten besteht oft die Tendenz, dass Menschen auf problematische Weise für ihre Rechte kämpfen. Zum Beispiel:

A. Umkehrung des Narrativs, um zu suggerieren, dass die marginalisierte Gruppe den anderen überlegen ist.

B. Unterstellen, dass die Gruppe in jeder anderen Hinsicht normal ist – und ihr daher der Zugang zur Normativität gewährt werden sollte – oft im Vergleich zu anderen ›weniger normalen‹ Gruppen.

Kink-Communitys – und andere ›sexpositive‹ Bewegungen – können oft vielfältigere Verständnisse des Erotischen aufzeigen, als es die Mainstream-Sexualberatung und -therapie mit PIV-Sex tut.

Blümchen!
Laaangweilig!
Es gibt keine **wirklich** Asexuellen!
Befreie Dich **selbst!**

Ich kann Dich **heilen...**

Jedes vorgegebene sexuelle Skript wird einige Menschen abschrecken und bei anderen zu unerwünschten und nicht einvernehmlichen Erfahrungen führen.

*Die Autor*innen von »Fucked: Über sexuelle Dysfunktionalität unter sexpositiven Queers«:*

FUCKED
Über sexuelle Dysfunktionalität unter sexpositiven Queers
Asexuelle Menschen, Überlebende und Menschen, denen Sex schwerfällt – oder die einfach keine Lust auf solche Praktiken haben – können sich pathologisiert, ausgegrenzt und unter Druck gesetzt fühlen, Dinge zu tun, die sie nicht tun wollen.

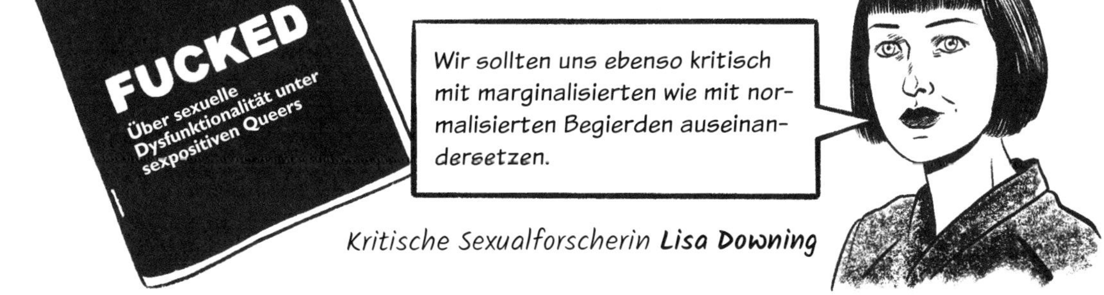
Wir sollten uns ebenso kritisch mit marginalisierten wie mit normalisierten Begierden auseinandersetzen.

Kritische Sexualforscherin **Lisa Downing**

DAS ›NORMALE‹ INFRAGE STELLEN ODER AKZEPTIEREN?

Die ethnographischen Studien von Staci Newmahr und Margot Weiss über US-amerikanische Kink-Gemeinschaften zeigen, dass es auch dort häufig relevante kulturelle Ungerechtigkeiten gibt. Kink-Räume sind überwiegend weißen Menschen aus der Mittelschicht zugänglich, und im Gegenzug oft unzugänglich und abschreckend für Menschen mit Behinderungen, Menschen aus der Arbeiter*innenklasse oder People of Color. Diese Räume stützen sich oft auf kapitalistische Erwartungen in Bezug auf Geldausgeben, traditionelle Schönheitsideale und unhinterfragte heteronormativen geschlechtsspezifische Machtdynamiken: ob unterwürfig oder dominant, das Vergnügen der Männer steht im Mittelpunkt.

In den Medien wird BDSM als akzeptabel dargestellt, wenn die Beziehung ansonsten eine heteronormative Zweierbeziehung ist.

Autorin von »Vicarious Kinks«, **Ummni Khan**

Fifty Shades of Grey – Befreite Lust

Secretary

Ich könnte versuchen, die Mehrheitsgesellschaft davon zu überzeugen, dass Sadomasochismus nicht gewalttätig oder selbstzerstörerisch ist. Aber das würde kleine Notlügen erfordern, die die Gemeinsamkeiten zwischen S/M und Blümchensex betonen, anstatt die Dinge, in denen sie sich unterscheiden.

Aktivist*in und Autor*in **Pat Califia**

Robin Bauer und Mollena Williams weisen auf das Potenzial von Kink Play hin, Ungerechtigkeiten und Normalisierungen aufzudecken, aber auch, sie zu reproduzieren. Menschen können Kink Play nutzen, um über ihre Privilegien und Unterdrückungen zu reflektieren.

BDSM ermöglicht es uns, die Komplexität und Vielfalt der Sexualität und Sexualpraktiken Schwarzer Frauen zu berücksichtigen.

Autorin von »The Color of Kink«, **Ariane Cruz**

SEXSUCHT

In den vergangenen Jahren wurde die Sexsucht erfunden. Obwohl die empirischen Belege für die ›hypersexuelle Störung‹ als zu unsicher angesehen wurden, um sie in das DSM-5 aufzunehmen, ist die Therapie der Sexsucht zu einem großen Geschäft, und die Sexsucht selbst zu einem wichtigen neuen kulturellen Feindbild geworden.

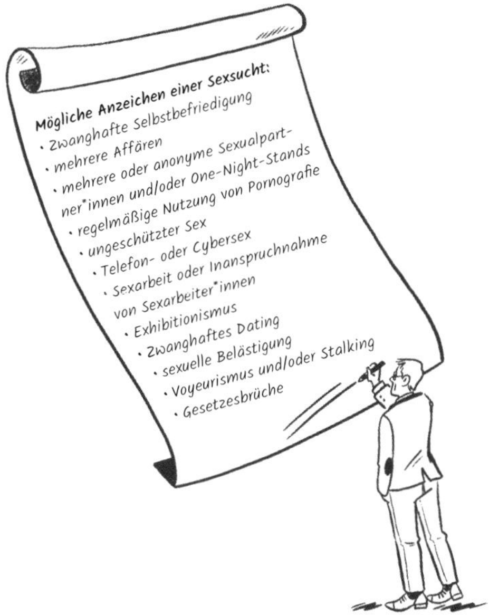
Mögliche Anzeichen einer Sexsucht:
· Zwanghafte Selbstbefriedigung
· mehrere Affären
· mehrere oder anonyme Sexualpartner*innen und/oder One-Night-Stands
· regelmäßige Nutzung von Pornografie
· ungeschützter Sex
· Telefon- oder Cybersex
· Sexarbeit oder Inanspruchnahme von Sexarbeiter*innen
· Exhibitionismus
· Zwanghaftes Dating
· sexuelle Belästigung
· Voyeurismus und/oder Stalking
· Gesetzesbrüche

PORN PLACE
Grindr

Der Einspruch, dass diese Aktivitäten nicht zwangsläufig bedeuten, dass jemand sexsüchtig ist, verhindert nicht das Gefühl, dass diese Aktivitäten irgendwie mehr mit Sexsucht zu tun haben könnten, als Paar-PIV-Sex. Die Liste vermischt auf verwirrende Weise nicht-einvernehmliche und schädliche Aktivitäten mit solchen, die nicht zwangsläufig so sind, und stigmatisiert ohnehin schon gefährdete Gruppen noch weiter.

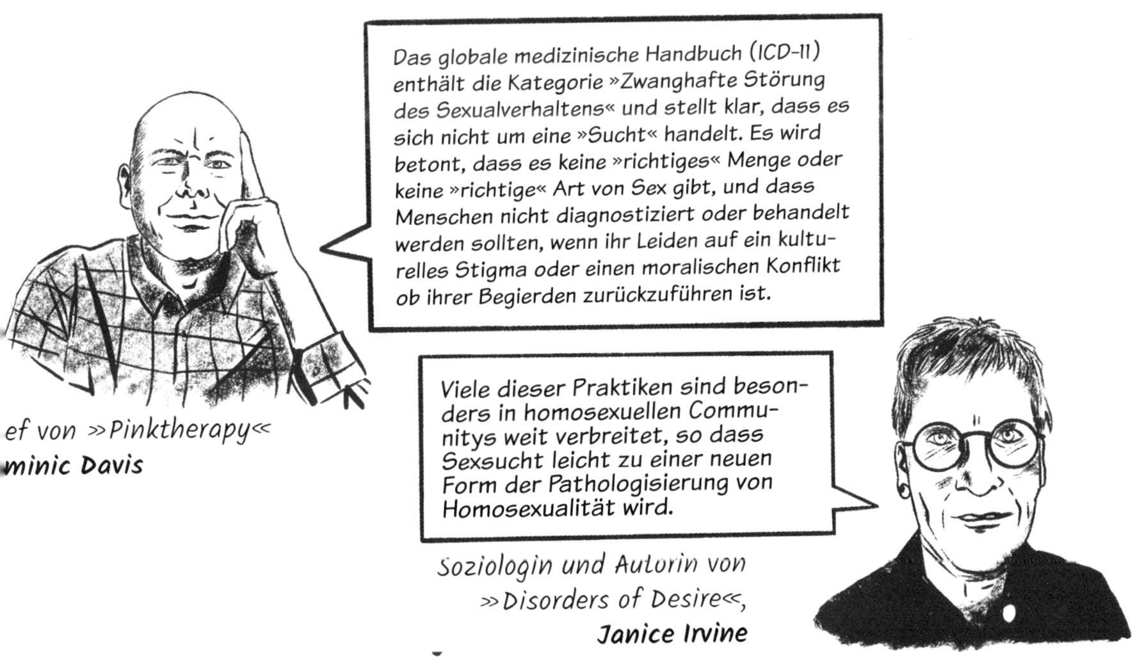
Das globale medizinische Handbuch (ICD-11) enthält die Kategorie »Zwanghafte Störung des Sexualverhaltens« und stellt klar, dass es sich nicht um eine »Sucht« handelt. Es wird betont, dass es keine »richtiges« Menge oder keine »richtige« Art von Sex gibt, und dass Menschen nicht diagnostiziert oder behandelt werden sollten, wenn ihr Leiden auf ein kulturelles Stigma oder einen moralischen Konflikt ob ihrer Begierden zurückzuführen ist.
ef von »Pinktherapy«
minic Davis
Viele dieser Praktiken sind besonders in homosexuellen Communitys weit verbreitet, so dass Sexsucht leicht zu einer neuen Form der Pathologisierung von Homosexualität wird.
Soziologin und Autorin von »Disorders of Desire«,
Janice Irvine

PATHOLOGISIERUNG VON STARKEM UND SCHWACHEM VERLANGEN

Das Konzept der Sexsucht fügt sich in eine breitere Tradition der Pathologisierung von sexuellem Verlangen als ›zu stark‹ oder ›zu schwach‹ ein. Es definiert das Ausmaß des sexuellen Verlangens, das Menschen haben sollten, die Arten von Begierden, die als angemessen erachtet werden, die Art und Weise, wie sie diese ausleben sollten, und was die akzeptablen Gründe für Sex sind (z. B. Verbesserung der Intimität mit einem Partner, aber keine Behebung von Einsamkeit).

Nicht genug.
Zu viel.
Genau richtig.

Psychiater*innen und Therapeut*innen scheinen zu glauben, dass es die goldene Mitte, eine genau richtige Menge Sex gibt, die Menschen haben sollten. Wahrscheinlich die Menge, die sie selbst haben.

Autor von »The Guide to getting it on«,
Paul Joannides

Asexuelle Menschen und ›Sexsüchtige‹ werden unter Druck gesetzt, sich diesen Erwartungen anzupassen, insbesondere wenn sie in einer Beziehung mit jemandem leben, der sich besser anpasst. Einige Gruppen sehen sich jedoch Beschuldigungen ausgesetzt, wenn sie überhaupt irgendein sexuelles Verlangen äußern. Behinderte Menschen und Menschen mit chronischen Krankheiten werden von Ärzt*innen oft aufgefordert, auf Sex zu verzichten. Sex ab einem bestimmten Alter wird oft mit Abscheu betrachtet, und/oder lächerlich gemacht. Junge Menschen und Frauen werden besonders stark kontrolliert, wenn es darum geht, wie viel Lust sie haben, und wie sie diese ausdrücken sollten.

WAS ERMÖGLICHEN KATEGORIEN, WAS VERHINDERN SIE?

Wie wir in Kapitel 6 sehen werden, können Sexsüchtige als eines von vielen sexuellen Subjekten betrachtet werden, welche in den letzten Jahren durch einen kulturellen Prozess erfunden wurden, durch die die Menschen lernen, ihren Erfahrungen einen Sinn zu geben – und auf eine bestimmte Art und Weise zu handeln.

Aber natürlich haben viele Menschen tatsächlich Probleme mit ihren sexuellen Bedürfnissen und Praktiken und stellen fest, dass diese ihr Leben beeinträchtigen, sie gefährden oder sie belasten. In diesem Fall kann es sinnvoll sein, zu fragen, was die Identität ›sexsüchtig‹ – oder jedes andere Label – ermöglicht, und was sie verschließt.

Es gibt mir das Gefühl, dass es das wirklich gibt, dass es nicht nur meine Schuld ist, dass ich nicht allein bin, und dass ich Unterstützung bekommen kann. Aber ich mache mir Sorgen, dass die Leute auf mich herabsehen, wenn ich sage, dass ich sexsüchtig bin, dass das bedeutet, dass ich für immer mit diesem Label behaftet sein werde, und dass es kein Verständnis für die Einzigartigkeit meiner Erfahrung geben wird, oder warum das, was ich tue, so wichtig für mich ist.

MIT BEUNRUHIGENDEN BEGIERDEN ARBEITEN

Es ist sinnvoll, die kulturellen Botschaften zu untersuchen, die Menschen, die mit ihrem Verlangen zu kämpfen haben, über sexuelle Normalität erhalten haben, und wie diese ihr Gefühl, ein Problem zu haben, beeinflussen. Anstatt zu versuchen, das Verlangen zu stoppen, ist es wichtig zu erforschen, was es für die Person bedeutet: Warum es so unwiderstehlich ist.

Online-Sex kann zum Beispiel eine beruhigende Art sein, um abzuschalten, oder ein Ort, um herauszufinden, was einen anmacht. Wenn Menschen ihre Wünsche und Erfahrungen wahrnehmen können, können sie sich auch genug Zeit nehmen, um bewusste, ethische Entscheidungen darüber zu treffen, ob sie ihnen nachgehen oder nicht.

Dies ist im Rahmen der bestehenden kulturellen Zwickmühle äußerst schwierig: Der Konsumkapitalismus sagt uns, dass wir ein Recht darauf haben, das zu haben, was wir begehren, und dass wir unsere Gelüste sofort befriedigen sollten. Aber normal/abnormal-Modelle von Sex führen zu enormer Scham und Stigmatisierung bestimmter Begierden. Die Menschen schwanken zwischen dem Versuch, das Schreckgespenst ihrer Begierde zu ignorieren oder auszurotten, und dem gedankenlosen Ausleben dieser Begierde, anstatt sich mit Neugierde und Fürsorge für sich selbst und andere zu beschäftigen.

Beim Online-Sex fühle ich mich am lebendigsten und wachsten. Da kommt die selbstbewusste, dominante, kreative Seite von mir zum Vorschein.
Igitt, Du solltest Dich schämen!

SEX, KÖRPER UND MACHT

Wieso stecken wir jetzt in einer Situation, in der wir die Menschen als normale oder abnormale sexuelle Wünsche habend einteilen? Sexualität und geistige Gesundheit sind Schlüsselbereiche, in denen wir dazu angehalten werden, uns selbst zu überwachen, an uns zu arbeiten und unsere Normalität zu demonstrieren. Wer profitiert davon?

In einer Überwachungsgesellschaft lernen wir, uns selbst zu kontrollieren und zu beobachten, uns damit zu vergleichen, was uns als ›normal‹ beigebracht wurde. Abnormalitäten werden in uns selbst verortet, wirken wie Fehler in unserer Identität, und nicht als Probleme der Systeme und Strukturen um uns herum. Wir lassen uns auf Formen der körperlichen Disziplin und Technologien des Selbst ein, um Normalität zu herzustellen.

TINDER
Pic hochladen
Profil ausfüllen!
VIAGRA

Bei allem auf der Welt geht es um Sex; außer beim Sex; beim Sex geht es um Macht.

Eine fügsame Bevölkerung mit starkem Konformitätszwang bedeutet:

- Ein hohes Maß an Produktivität (also hohe Profit für die Mächtigen)
- Eine hohe Kaufkraft (mehr Profit aus Produkten, die Unsicherheit ausnutzen)
- Ein geringes Maß an politischem Engagement und Widerstand gegen die Systeme, die diese Normen (wieder) herstellen.

SEX ALS ARBEIT

Unsere Arbeitskultur prägt die Art und Weise, wie wir über Sex sprechen. Wir müssen ›großartigen Sex‹ haben, was wiederum Übung, Fähigkeiten, Management und die Investition von Zeit und Geld erfordert.
Ros Gill
Vor allem Frauen müssen den Spagat schaffen, weder als ›Schlampe‹ noch als prüde zu gelten und müssen gleichzeitig die Verantwortung für großartigen Sex notwendig ist.
Psychologin und Autorin von »Orgasmic Bodies«, Hannah Frith

Der Zwang, Sex zu haben, der toll und normal zugleich ist, führt zu noch mehr Selbstbeobachtung, da Menschen einen schmalen Grat wandern zwischen ›scharf‹ genug sein, um begehrt zu werden und langfristige Beziehungen zu erhalten, ohne aber in abnormalen oder gestörten Sex zu verfallen.

Die Grenzen in der Sexualhierarchie bewegen sich ständig; sexuelle Handlungen, die früher inakzeptabel waren, werden akzeptabel. Wir müssen Schritt halten, ohne auf die falsche Seite zu geraten. Das bedeutet nicht, dass es ein Problem ist, sich bewusst und auf Sex einzulassen, der auch mit Aufwand verbunden ist, aber bei der Version des sexuellen Unternehmertums, die uns verkauft wird, geht es darum, ein sich ständig veränderndes Ziel zu erreichen, nämlich großartigen Sex zu haben und begehrenswert zu sein. Es geht nicht darum, die Dinge zu tun, die es uns ermöglichen würden, im Hier und Jetzt zu sein und uns auf die erotischen Wünsche und Erfahrungen einzulassen, die wir haben.

ALTERNATIVEN ZU DICHOTOMIEN UND HIERARCHIEN

In den letzten drei Kapiteln haben wir gesehen, dass Menschen in Bezug auf die verschiedenen Aspekte ihrer Sexualität nicht in Dichotomien eingeteilt werden können:

- Sexuelle Mehrheits- und Minderheitsorientierungen
- Funktionale und dysfunktionale Sexualkörper
- Normale und abnormale sexuelle Wünsche

Dies zu versuchen, ist sowohl schlecht für diejenigen, die in die untere, als auch für diejenigen, die in die obere Kategorie eingeordnet werden. Wie wir auf Seite 87 gesehen haben, besteht die Antwort weder darin, einen Platz für die eigene Identität innerhalb der Norm zu beanspruchen, noch die Hierarchie so umzudrehen, dass man selbst oben steht.

Die Rechte von Homosexuellen wurden oft auf der Grundlage erkämpft, dass Homosexuelle ansonsten normal seien (gute Bürger*innen, die heiraten und Kinder haben wollen): Das stellt eine Distanzierung von weniger normalisierten Queers dar. Auch die Rechte von Bisexuellen beruhen oft auf einer ›Kritik an Mythen‹: Wir sind nicht verwirrt, weder promiskuitiv, noch nicht-monogam, und wir probieren das nicht nur aus. Aber das suggeriert, dass etwas falsch daran ist, unsicher zu sein, sexuell aktiv oder nicht-monogam zu sein, oder dass die Sexualität fluid ist.
Aktivist*in und Autor*in von »Bi«, Shiri Eisner
Ich fange an, die Tatsache zu akzeptieren, dass Sexualität oft ungewiss oder wandelbar ist – und voller Möglichkeiten.

BENIGN DIVERSITY

Die meisten Menschen finden es schwierig zu begreifen, dass ihr größtes sexuelles Vergnügen für eine andere Person völlig abstoßend ist und umgekehrt. Die meisten Menschen verwechseln ihre sexuelle Vorliebe mit einem universellen System, das für jede*n funktionieren wird oder sollte.
Gayle Rubin

Ein alternatives Modell zu den etablierten Sexualhierarchien ist das der *benign diversity* (wohlwollenden Vielfalt): alle Formen der Sexualität werden als gleichermaßen gültig und akzeptabel angesehen, unabhängig davon, wie verbreitet, extrem oder kulturell akzeptiert sie sind.

So könnten wir aufhören, nicht erregte, nicht-orgasmische Körper und Ängste rund um das Abnormale zu pathologisieren, und stattdessen die eigentliche Ursache angehen: Unser problematisches kulturelles Verständnis von Sex und die ihm zugrunde liegenden Machtsysteme (Heteronormativität, Patriarchat, Kolonialismus, weiße Vorherrschaft, Kapitalismus usw.).

So wie eine Welt, die für bestimmte Körper konzipiert ist, viele von uns buchstäblich behindert, so werden wir vom kulturellen Verständnis von Sex – und der darauf basierenden Wissenschaft und Medizin – emotional verstört.
Therapeut*in und Autor*in von »Life isn't binary«, Alex Iantaffi
Das sexuelle Drehbuch: Vom PIV zum Orgasmus

SEXUELLE ETHIK

Bedeutet ›wohlwollende Diversität‹, dass alles erlaubt ist, dass wir keine Unterschiede zwischen den verschiedenen Formen von Sex machen würden? Nicht unbedingt. Die Konzentration auf die Unterscheidung zwischen normal und unnormal lenkt ab von der weitaus wichtigeren Unterscheidung zwischen ethischen und unethischen sexuellen Verhaltensweisen.

Es kommt nicht darauf an, wie sehr ein Verlangen gesellschaftliche Grenzziehungen überschreitet, sondern darauf, ob es unter Zwang ausgeübt wurde oder nicht. Das ist eine Frage von Recht und Gerechtigkeit, nicht der psychischen Gesundheit.
Chess Denman
Ähnlich wie bei der Sexsucht gab es immer wieder Versuche, ›paraphile Gewaltstörung‹ (Vergewaltigungswunsch) in das DSM aufzunehmen. Was würde passieren, wenn man ein Verbrechen, über das ohnehin viel zu selten angezeigt wird, und bei dem es schwierig ist, eine Verurteilung zu erreichen, als psychische Störung einstuft?
Jemma Tosh
Die Einstufung von Sexsucht als Störung hat sexuell aktive Männer aus der Verantwortung entlassen, weil es dann so wirkt, als hätten sie keine Kontrolle über ihr Verhalten.
Autor von »The Myth of Sex Addiction«,
David Ley

Die Beseitigung von Stigma und Scham im Zusammenhang mit sexuellen Wünschen könnte den Menschen helfen, diese offen und neugierig zu betrachten und zu entscheiden, welche Wünsche sie ethisch vertretbar ausleben können und welche nicht, und Alternativen wie Fantasie, Rollenspiele und die Erfüllung dieser Bedürfnisse auf andere Weise zu erkunden.

ZURÜCK ZU UNSEREN ANNAHMEN

Zusätzlich zu einer viel tiefergehenden Analyse individueller Sexualethik könnten wir uns auch die Ethiken verschiedener Wirtschaftszweige anschauen, die ein begrenztes Verständnis von Sexualität fördern. Der Tribut, den dies im Laufe der Jahre in Form von menschlichem Leid – und sogar Menschenleben – gefordert hat, ist enorm.

Sexuelle Erregung kann durch alles unter der Sonne ausgelöst werden, einschließlich der Sonne.

Professor für forensische Medizin und Autor von »Necrophilia«,
Anil Aggrawal

Und doch ist der Mensch nach wie vor das einzige Lebewesen, das sexuelles Verlangen stigmatisiert, bestraft und mit Scham belegt.

Historikerin und Autorin von »A cultural history of sex«,
Kate Lister

Jetzt können wir die Annahmen vom Anfang des Kapitels nochmal überprüfen:

- Die ›normal/abnormal‹-Unterscheidung könnte durch wohlwollende Vielfalt ersetzt werden
- Kategorien sind eindeutig stark mit den aktuellen kulturellen Normen verbunden und führen zu unnötiger Stigmatisierung und Scham
- Die meisten Menschen haben Begierden, die bisher als ›abnormal‹ eingestuft wurden
- Diejenigen, von denen angenommen wird, dass sie gestört sind, sind nicht anders und nicht weniger gesund, als alle anderen
- Diejenigen, die uns am meisten über Sex zu lehren haben, sind vielleicht die, die an den Rändern der Gesellschaft stehen – was allerdings nicht bedeutet, dass man die Sexualhierarchie einfach umdrehen sollte, denn das kann ebenso problematisch sein.

KAPITEL 5: SEXUELLER AUSDRUCK UND EROTISCHE BEZIEHUNGEN

Bisher haben wir uns mit den folgenden Aspekten von Sexualität befasst: Wie wir uns anhand der Personen, zu denen wir uns hingezogen fühlen, selbst klassifizieren; die Art von Sex, die wir haben; und unsere sexuellen Begierden. In diesem Kapitel werden wir die verschiedenen Kontexte und Beziehungen betrachten, in denen wir unsere Sexualität zum Ausdruck bringen. Wir haben gesehen, dass die Art und Weise, wie wir unsere Sexualität ausdrücken – in Form von erotischen Beziehungen, die wir eingehen, und den sexuellen Aktivitäten, die wir dort ausüben – mit unseren tatsächlichen erotischen Wünschen und sexuellen Anziehungen übereinstimmen kann, oder auch nicht.

Um sich anzupassen, verleugnen Menschen möglicherweise einige ihrer sexuellen Begierden und Wünsche, und gehen ›normalisierte‹ Beziehungen ein.

Es kann sein, dass sie sexuellen Drehbüchern folgen, anstatt sich einzugestehen, was sie wirklich anmacht, aufgrund der Unterscheidung zwischen normalem und abnormalem Verlangen. Oder sie fühlen sich aufgrund der Theorie des sexuellen Imperativs unter Druck gesetzt, sexuell zu sein.

Diese Unterdrückung unserer Sexualität steht in Verbindung mit heteronormativen Erwartungen an Geschlechterrollen, gegengeschlechtliche Anziehung, PIV-Sex und monogame Zweierbeziehungen.

DER GOLDSTANDARD: DIE MONOGAME ZWEIERBEZIEHUNG

Die klare Botschaft der Mehrheitsgesellschaft ist, dass der angemessenste – manchmal der einzige – Ort, um unsere Sexualität auszudrücken, in einer romantischen, monogamen, langfristigen Paarbeziehung liegt. Von Dating-Apps bis hin zu romantischen Komödien liegt der Schwerpunkt auf der Suche nach der*dem Einen: der perfekten Person in die man sich verliebt und für immer großartigen Sex hat.

Für mich bist Du perfekt

Die Sexual- und Beziehungstherapie und -beratung konzentriert sich weitgehend darauf, Paare in die Lage zu versetzen, ihre sexuellen Beziehungen miteinander aufrechtzuerhalten, anstatt andere Möglichkeiten zu erkunden um ihre erotischen Wünsche zu erfüllen. Sex mit anderen wird als Gefahr für die Beziehung gesehen, deshalb werden Paare ermutigt, andere Wege zu finden, um solche Fantasien auszuleben. Sex allein zu haben, wird im Allgemeinen als eine Möglichkeit dargestellt, ›echten Sex‹ zu üben, kann aber auch süchtig oder paraphil machen, wenn es selbst zur Quelle von Lust und Befriedigung wird. Wir werden auf Solo-Sex am Ende des Kapitels zurückkommen.

Sex für Dummies
Einen Dreier zu haben ist eine weit verbreitete Fantasie, aber sie auszuleben würde Ihre Beziehung gefährden. Versuchen Sie stattdessen, Sex vor einem Spiegel zu haben.
Das klingt eher nach nem Vierer, als nem Dreier.
Und seltsam zweidimensional und phantasielos.

MONONORMATIVITÄT

Eng verbunden mit der Heteronormativität ist Mononormativität die Annahme, dass Monogamie die normale, natürliche, moralisch überlegene Art ist, Beziehungen zu führen. Die Geschichte vom Liebesdreieck beruht auf der Spannung zwischen Mononormativität und den Figuren, die ihrem Verlangen nach mehr als einer Person widerstehen oder es auflösen, um Monogamie zu erreichen. Dies ist so weit verbreitet und selbstverständlich, dass ein großer Teil der heutigen Popkultur ohne dieses Prinzip zusammenbrechen würde.

Ich Dich auch.
Kein Problem.
Ich liebe Dich.
The End!

Die Ehe als monogame Liebesbeziehung ist eigentlich ziemlich neu. Erst seit den 1950er Jahren kann es sich die Mehrheit der Menschen leisten, aus Liebe zu heiraten.

Historikerin und Autorin von »Marriage: a cultural history«, ***Stephanie Coontz***

*Die Liebe wurde zur neuen Religion, Menschen erwarten von ihren Partner*innen die Erfüllung von Bedürfnissen wie Zugehörigkeit, Bestätigung und Sinnproduktion, die früher vielleicht von einer Glaubens- oder anderweitigen Gemeinschaft erfüllt wurden.*

Wissenschaftler und Autor von »Love: a History«, ***Simon May***

Die Kombination aus verlängerter Lebenserwartung, und der Druck auf eine*n Partner*in, all unsere Bedürfnisse zu erfüllen, führt zu den hohen Raten von Beziehungsabbrüchen und Singleexistenzen, die wir heute haben. Viele stellen infrage, ob es überhaupt möglich ist, wirkliche Partner*innenschaft und Leidenschaft über längere Zeit aufrechtzuerhalten, insbesondere unter dem Druck, der mit der Kernfamilie, der gemeinsamen Elternschaft und Carearbeit in relativer Isolation einhergeht.

DIE MONOGAMIE/NICHT-MONOGAMIE-DICHOTOMIE

Mononormativität ist **ethnozentrisch**. Weltweit gibt es weitaus mehr Gesellschaften, die Formen der Nicht-Monogamie praktizieren, als solche, die Monogamie praktizieren. Viele gehen auch Beziehungen ein, die nicht auf romantischer Liebe und/oder sexueller Anziehung beruhen (z. B. Geld, Arbeit, Familie), und haben unterschiedliche Beziehungen, um unterschiedliche Bedürfnisse zu befriedigen (z. B. Sex und Partner*innenschaft).

Die Regeln der westlichen Monogamie sind ziemlich unklar und verändern sich ständig. Häufig merken die Menschen erst dann, dass sie unterschiedlichen Regeln folgen, wenn diese gebrochen wurden, z. B. beim Flirten, Küssen, Solo-Sex, Online-Porno oder Cybersex, bei engen Freund*innenschaften oder Freund*innenschaften mit Ex-Partner*innen.

Ich habe den Begriff ›monogamisch‹ geprägt, um anzuerkennen, dass viele Beziehungen irgendwo zwischen Monogamie und Nicht-Monogamie liegen.

Sexratgeber und Autor von Savage Love, **Dan Savage**

Vielleicht sollten wir Monogamie und Nicht-Monogamie nicht binär betrachten – mit ihren problematischen Konnotationen wie ›Der Westen gegen den Rest‹ und ›normal oder abnormal‹ –, sondern als eine Reihe von Spektren. Dies würde auch anerkennen, dass Menschen romantische und erotische Beziehungen ganz unterschiedlich verstehen können.

Spektrum emotionaler Nähe

Monoamorös: **eine emotional enge Beziehung, keine weitere enge Beziehung** ……………… Polyamorös: **Mehrere enge emotionale Beziehungen**

Spektrum physischen/sexuellen Kontakts

Monosexuell: **eine sexuelle Beziehung, kein Sex/physischer Kontakt darüber hinaus** ……………… Polysexuell: **mehrere sexuelle Beziehungen**

BESTÄNDIGE LIEBE

Die Soziologin Jacqui Gabb fand heraus, dass stabile Liebesbeziehungen dann möglich sind, wenn Menschen Wege finden, sowohl das Unterschiedlich-Sein, als auch das Gemeinsam-Sein zu bewahren, was ihnen hilft, eine aktive Wertschätzung füreinander zu bewahren und Strukturen zu pflegen, die sie und ihre Beziehung unterstützen.

Die existentialistische Philosophie hat darauf hingewiesen, dass ein zentrales Spannungsverhältnis in Beziehungen aller Art, das zwischen Freiheit und Zugehörigkeit ist. Da romantische/erotische Partner*innenschaften heute auf Liebe und Wahlfreiheit beruhen, ist dieses Spannungsverhältnis hier besonders ausgeprägt.

Dieses Spannungsverhältnis kann sowohl dazu führen, dass Menschen Beziehungen als Wegwerfartikel behandeln, als auch dazu, dass Menschen zu lange in schädlichen Beziehungen bleiben. Darüber hinaus könnte die derzeitige gesellschaftliche Erkundung verschiedener Beziehungsformen als eine Antwort auf diese existenzielle Spannung und den Vorrang, den sie in der gegenwärtigen neoliberalen Kultur hat, gesehen werden.

> Menschen verzweifeln daran, sich selbst überlassen zu sein, fühlen sich entbehrlich und sehnen sich nach der Sicherheit des Zusammenseins. Sie suchen verzweifelt nach einer Beziehung. Doch sie sind auch vorsichtig, wenn es darum geht, ›in Beziehung zu sein‹, weil sie befürchten, dass dies Belastungen mit sich bringt, die sie nicht aushalten wollen, und dass es die Freiheit einschränkt, die sie brauchen, um überhaupt in Beziehung zu treten.

Soziologe und Autor von »Liquid Love«,
Zygmunt Bauman

DATES UND SEX-DATES

Die Betonung von Liebe und freier Wahl bedeutet, dass die serielle Monogamie zur sichtbarsten westlichen Beziehungsform geworden ist. Dating ist die akzeptierte Vorstufe zur Paarbeziehung, und ist mit Partner*innen-Dating-Apps zu einem großen Geschäft geworden. Viele von ihnen werden mit dem Versprechen verkauft, die perfekte Person zu finden, obwohl die Menschen die Apps auch nutzen, um Freund*innen und/oder Sexpartner*innen zu finden.

Die feministischen Psychologinnen Pantea Farvid und Virginia Braun fanden heraus, dass Menschen, die ›Gelegenheitssex‹ haben, diesen immer noch als minderwertig ansahen gegenüber monogamen Beziehungen, weil er Arbeit erfordert, um emotionale Bindung zu vermeiden. Es bestand kein Verständnis für die Tatsache, dass mit Fremden Sex haben, oder Fuckbuddy-Vereinbarungen mit Freund*innen, Gefühle beinhalten, oder legitime Formen von Intimität sein könnten.

Die hetero-Sexdate-Kultur verursacht bei konservativen Bedenken über Promiskuität, und bei Feminist*innen Kritiken an der Benachteiligung von Frauen durch die Gamification von Dating-Apps.
Genderforscherin und Autorin von »Yes Means Yes«, Kath Albury
Sorry, dass ich mich nicht gemeldet habe, ist viel los bei mir.
PING
Kein Stress, so heiß bist Du auch nicht LOL
PING
Hook-up-Apps sind ein wichtiger Ort der Selbstdarstellung, an dem schwule Männer nach außen kommunizieren können, was sie an sich selbst schätzen. Die Wiederaneignung der Produktionsmittel ist ein politischer Akt. Aber sie reproduzieren auch die Stereotypisierung und Diskriminierung, aus den Mainstream-Medien.
Bär auf der Suche nach ♥!
Sorry-keine Fetten, keine Tunten, keine Asiat*innen
Medienwissenschaftler und Autor von »Gaydar Culture«, Sharif Mowlabocus

GEHEIME UND OFFENE NICHT-MONOGAMIEN

Die Mononormativität verstellt den Blick auf die Tatsache, dass die meisten Menschen irgendwann in ihrem Leben nicht monogam sind. Die ›Untreuequote‹ in der westlichen Kultur liegt bei 50-60 %. Anstatt nach Wegen zu suchen, wie Nicht-Monogamie ethischer gehandhabt werden kann, wird Untreue immer noch als skandalös, beschämend und gefährlich dargestellt.

Menschen glauben immer noch, dass lebenslange Monogamie das Beste für Glück, Wohlbefinden, Sex und Kinderkriegen ist, obwohl die 5 % der Bevölkerung, die offen nicht monogam leben, mit ihren Beziehungen nicht weniger zufrieden sind.
Psychologin **Terri Conley**

Meine Forschung hat ergeben, dass die zusätzliche emotionale und praktische Unterstützung durch mehrere Erwachsene für die Kindererziehung tatsächlich von Vorteil sein kann.
Forscherin und Autorin von »The Polyamorists next Door«, **Elisabeth Sheff**

Es gibt viele verschiedene Arten von offenen, einvernehmlichen Nicht-Monogamien. Diese erweitern die Möglichkeiten sowohl für emotionale als auch erotischen Erfahrungen oder Verbindungen mit mehreren Menschen.

Idealisierte Monogamie
Untreue
›Don't ask, don't tell‹
Offene Beziehung
Polygamie
Polytreue
Hierarchische Polyamorie
Egalitäre Polyamorie
Solo Polyamorie
Beziehungs-Anarchie

REGELN DER POLYAMORIE

Einvernehmlich nichtmonogame Menschen schaffen verschiedene Regeln und treffen Vereinbarungen, um ihre Beziehungen zu gestalten. Viele offene Beziehungsformen trennen zwischen Liebe und Sex: Sex ist außerhalb der primären Partnerschaft erlaubt, Liebe nicht.

Da es bei der Polyamorie um emotionale und nicht nur um sexuelle Verbindungen geht, gibt es oft Regeln für Zeit, Raum und Nähe, z.B. dass nur die Hauptpartner*innen zusammenleben, oder dass bestimmte erotische oder alltägliche Aktivitäten nur in bestimmten Beziehungen stattfinden.

Soziologin **Kasia Wosick-Correa**

Polyamore Menschen unterscheiden sich darin, wie viel sie über andere Partner*innen preisgeben, und ob sie klare Vereinbarungen oder Flexibilität bevorzugen, um jeder Beziehung ihre eigene Entwicklung zu ermöglichen.

Von der Polyamorie können wir eine Menge über offene Kommunikation und bewusste Beziehungen lernen, über die Entwicklung von Begriffen und Konzepten zum Erkennen verschiedener Arten von Beziehungen und emotionaler Erfahrungen (wie ›Metamour‹ für den*die Partner*in des*der Partners*in und ›Kompersion‹ für das positive Gegenteil von Eifersucht). Sie birgt jedoch auch das Risiko, dass Partner*innen, die als ›sekundär‹ oder anderweitig weniger wichtig eingestuft werden, objektiviert werden.

Die Gefahr dieser Idee des Nicht-Entscheidens besteht darin, dass, weil alles möglich ist, auch alles getan werden muss. Dies kann dazu führen, dass nicht genügend Zeit und Energie für Beziehungen und andere Aspekte des Lebens zur Verfügung steht.

*Soziolog*in* **Daniel Cardoso**

POLYNORMATIVITÄT

Ähnlich wie in der ›hook-up Kultur‹ gibt es auch bei einvernehmlichen nicht-monogamen Beziehungen die Tendenz, viele Aspekte der Mononormativität zu reproduzieren, obwohl diese die Idee in Frage stellen, dass es überhaupt möglich ist, mit mehr als einer Person Sex zu haben – oder sie zu lieben. Die Sexualpädagogin und Blogger*in Andrea Zanin (alias Sex Geek) hat folgende Elemente einer Polynormativität herausgearbeitet:

- Polyamorie beginnt mit einem Paar.
- Polyamorie ist hierarchisch.
- Polyamorie erfordert eine Menge Regeln.
- Polyamorie ist (weitgehend) heterosexuell, süß, jung und weiß.

Die Suche nach dem*der einen wahren Partner*in kann in diesem Fall durch die Suche nach dem heiligen Polygral, dem perfekten Set von Partner*innen, ersetzt werden. Das Gefühl, dass romantische Partner*innenschaften wichtiger sind als andere Beziehungen, bleibt oft bestehen – ebenso wie der Druck, innerhalb dieser Beziehungen sexuell zu sein.

Obwohl sie ihre Beziehungen auf ganz ähnliche Weisen führen, werden polygame Migrant*innen rechtlich und in den Medien viel negativer behandelt, als weiße Polyamorist*innen.

Sexualwissenschaftler und Autor von »Fraught Intimacies«,
Nathan Rambukkana

Sowohl Ausgrenzung als auch Fetischisierung von Schwarzen sind echte Probleme in polyamoren Communitys.

Aktivist und Autor von »Love's Not Colorblind«,
Kevin Patterson

AROMANTISCHE ERFAHRUNG

Die aromatische – oder aro – Erfahrung stellt die Bedeutung, die unsere Kultur der romantischen Liebe beimisst, radikal in Frage, da aromantische Menschen diese nicht erleben. Bringt man asexuelle und aromantische Erfahrung zusammen, können wir sehen, dass es durchaus möglich ist, romantische Anziehung ohne sexuelle, sexuelle Anziehung ohne romantische oder beides zu empfinden. Dies deckt sich mit aktuellen wissenschaftlichen Erkenntnissen (siehe S. 53 und 69). Wir alle könnten uns gewinnbringend selbst – und die verschiedenen Beziehungen in unserem Leben – auf den folgenden Spektren verorten und feststellen, ob sich unsere Position im Laufe der Zeit verändert.

Asexuell <----------> hohe sexuelle Anziehung

Aromantisch <----------> hohe romantische Anziehung

Und wir könnten über die verschiedenen Arten von Anziehung nachdenken, die wir in verschiedenen Beziehungen erleben, oder auch nicht.

Dies hilft uns auch, über Konsens in Bezug auf mehr als nur Sex nachzudenken. So wie der sexuelle Imperativ die Menschen dazu zwingt, auf eine bestimmte Art und Weise sexuell zu sein, so zwingt die Mononormativität die Menschen dazu, in Beziehungen bestimmte emotionale Erfahrungen zu machen und bestimmte Verpflichtungen einzugehen. Die Aro-Erfahrung kann uns helfen, platonische Beziehungen, Freund*innenschaftsvereinbarungen und andere Beziehungsformen als gleichwertig mit romantischen Partner*innenschaften zu betrachten.

BEZIEHUNGSANARCHIE, DEKOLONIALE LIEBE UND ZUGANG ZU INTIMITÄT

Beziehungsanarchie (BA) stellt die Hierarchien zwischen romantischen/sexuellen Beziehungen und anderen Arten von Beziehungen in Frage und vertritt die Auffassung, dass für Beziehungen keine anderen Regeln gelten sollten als die, die von den Menschen, die sie führen, gegenseitig vereinbart wurden.

Die damit zusammenhängende Idee der dekolonialen Liebe verortet die gegenwärtige Mononormativität in der Geschichte des Kolonialismus, der Sklaverei und des Kapitalismus, in der es darum ging, andere Menschen als Dinge zu behandeln, aus denen ein Vorteil gezogen werden kann. Wie der Autor und Aktivist Philippe Leonard Fradet feststellt, beinhaltet dekoloniale Liebe eine ständige kritische Reflexion über Machtdynamiken und Zustimmung. Sie verpflichtet dazu, eine andere Person – oder sich selbst – niemals als Eigentum zu behandeln, auf das jemand ein Anrecht hat oder von dem bestimmte Formen der Arbeit erwartet werden. Ein verwandtes Konzept aus dem Behindertenaktivismus ist die Zugang zu Intimität.

Manifest der Beziehungsanarchie
von Andie Nordgren
· Jede Beziehung ist einzigartig
· Liebe und Respekt statt Anspruchsdenken
· Finde Deine zentralen Beziehungswerte
· Passe Deine Verpflichtungen der jeweiligen Beziehung an

Diese Ideen erinnern uns daran, dass wir sowohl mit anderen Arten und dem Ökosystem als auch mit anderen Menschen verbunden sind.

Diese Form der Liebe erkennt unsere wechselseitige Abhängigkeit voneinander an. Es ist dieses schwer fassbare Gefühl, wenn jemand einfach ›peilt‹, was man braucht, um Zugang zur Welt zu finden.
Aktivistin Mia Mingus
Bist Du müde?
Dieser Stuhl ist glaub' ich besser

SEXARBEIT

Sexarbeiter*innen sind nach wie vor eine der am stärksten stigmatisierten, pathologisierten und kriminalisierten Gruppen im Bereich der Sexualität. ›Hurenhass‹ bleibt oft auch dort unhinterfragt, wo andere Vorurteile in Frage gestellt werden. Im öffentlichen Diskurs wird Sexarbeiter*innen häufig jegliche eigene Handlungsfähigkeit in Bezug auf ihre eigenen Leben abgesprochen, und sie werden als moralisch suspekt und verunreinigend dargestellt. Verschiedene Gesetzgebungen setzen Sexarbeiter*innen oft einem großen Risiko aus, indem sie sie zwingen, unter gefährlichen Bedingungen zu arbeiten, um legal ihren Job zu praktizieren, oder eine Verhaftung zu vermeiden.

Popkulturelle Repräsentationen suggerieren, dass Sexarbeiter*innen entweder glückliche ›High-Class‹-Callgirls, oder Opfer von Frauenhandel sind. Die große Mehrheit passt aber in keine dieser beiden Kategorien. Wenn Sexarbeiter*innen über ihre Beweggründe sprechen, dann sprechen sie über die Notwendigkeit, ein existenzsicherndes Einkommen zu verdienen – während Mutterschaft, Behinderung, Rasse, Betreuungspflichten und trans Erfahrungen diese Realitäten prägen.

Sexarbeitsaktivistinnen und Autorinnen von »Revolting Prostitutes«, ***Molly Smith*** *und* ***Juno Mac***

Oft ist Sexarbeit in einer Welt, in der zum Beispiel von Müttern erwartet wird, dass sie unbezahlt im Haushalt arbeiten, und in der es für behinderte Menschen kaum finanzielle Unterstützung gibt, die einzige praktikable Option.

Du musst eine Stunde lang allein auf Dich aufpassen, okay? Mama muss arbeiten.

SEXARBEIT UND SEX

Genau wie aromantische Menschen und Beziehungsanarchist*innen stellen auch Sexarbeiter*innen die Mononormativität in Frage, weil sie sexuelle Begegnungen mit mehreren Personen haben, und zwar aus anderen Gründen als romantischer Liebe. Wie asexuelle Menschen irritieren auch sie den sexuellen Imperativ, indem sie Sex aus anderen Gründen als sexueller Anziehung haben.

Indem sie diese Dichotomien in Frage stellen, erinnern uns Sexarbeits-Aktivist*innen an die unbequemen Wahrheiten, dass:

- Menschen oft Sex haben, weil dies einen impliziten oder expliziten Austausch darstellt (z. B. für Geschenke, Dates, Hausarbeit, Romantik, Bestätigung, Frieden)

> Vielleicht liegt einer der Gründe für die Stigmatisierung von Sexarbeit im Wunsch, die – oft klassen- und ›race‹-bedingten – Dichotomien zwischen ›guten Frauen‹ und ›schlechten Huren‹ aufrechtzuerhalten, sowie zwischen handlungsfähigen, freien Frauen und abhängigen, unfreien Prostituierten, die gerettet werden müssen.

Molly Smith und Juno Mac

Dafür hab' ich mir jetzt aber Sex verdient!

Komm schon Kleine, hatten wir denn heute Nacht keine gute Zeit zusammen?

- Sex wird im neoliberalen Kapitalismus zunehmend als eine Form der Arbeit für uns alle – aber insbesondere für Frauen – erlebt (siehe S. 94).

Versuch' ich's weiter, oder täusch' ich jetzt einfach vor?

- Unter Bedingungen sozialer Ungerechtigkeit, des Machtungleichgewichts und eher knapper sexueller Drehbücher ist das Ausmaß der sexuellen Handlungsfähigkeit einzelner Menschen – insbesondere von Frauen – durchaus zu hinterfragen.

SEXARBEIT UND ARBEIT

Die Stigmatisierung von Sexarbeiter*innen als ›schlecht‹, im Gegensatz zu den ›guten‹ anderen arbeitenden Menschen, verschleiert die ungerechte kapitalistische Kultur, die dazu führt, dass viele Menschen lange für einen geringen Lohn in prekären Arbeitsverhältnissen, die sie hassen, arbeiten müssen, während andere – privilegiertere Menschen – von ihrer Arbeit profitieren und sie genießen können.

Es kann sinnvoll sein, die Grenzen zwischen ›legitimen‹ Berufen, die körperliche Berührung und/oder emotionale Arbeit beinhalten – wie Therapeut*innen, Masseur*innen, Sporttrainer*innen – und Formen der Sexarbeit zu hinterfragen.
Sexualwissenschaftler **Allan Tyler**

Das Misstrauen gegenüber der Sexarbeit verdeckt die Tatsache, dass die meisten Arbeiter*innen emotionale Arbeit leisten müssen, indem sie zum Beispiel Kund*innen und Manager*innen Vergnügen vortäuschen.

Wie wir im letzten Kapitel gesehen haben, ist es problematisch, sich auf die gesellschaftliche Grenzüberschreitung anstatt auf die Frage von Zwang zu konzentrieren. Statt daran zu arbeiten, alle Formen von grenzüberschreitendem Sex (einschließlich Sexarbeit) zu überwachen, könnten wir darauf hinarbeiten alle Formen von erzwungener Arbeit zu unterbinden: Menschenhandel, Zwangsarbeit und Ausbeutung (einschließlich sexueller Ausbeutung). Dies kann durchaus bedeuten, dass man sich schwierigen Fragen stellen muss, Fragen über Reparationen für historische Sklaverei; die Art und Weise, wie wir alle von billiger Arbeit profitieren; sowie die alltägliche Ausbeutung und Belästigung an vielen Arbeitsplätzen.

SINGLESEIN UND SOLOBEZIEHUNGEN

Für manche Menschen ist ihre Primärbeziehung die unterstützende und/oder erotische Beziehung, die sie zu sich selbst haben.

Du musst die eine wahre Partnerschaft finden!
Danke, hab' ich schon. Ich bin mit mir selbst verpartnert.

Schauspielerin und Aktivistin **Emma Watson**

Keine Sorge, Du wirst bald jemanden finden.
Ich habe mehrere Partner*innen, aber meine wichtigste Beziehung ist die zu mir selbst: ich bin single-ish.

Autorin von »Radical Relating«, **Mel Cassidy**

Brauchst Du denn nicht jemanden, der Dich vervollständigt?
Solo-Poly-Menschen wie ich verweigern sich der Beziehungsrolltreppe in Richtung verschmolzener Leben und Identitäten.

Autorin von »Stepping off the Relationship Escalator«, **Amy Gahran**

Die Solo-Beziehung als Beziehungsform wird stigmatisiert, weil kulturell davon ausgegangen wird, dass Menschen eine romantische Partner*innenschaft wollen müssen. Die **Privilegierung von Paaren** beruht auf den vielen rechtlichen und praktischen Vorteilen, die Paaren gewährt werden, sowie auf der Erwartung vieler Menschen, dass romantische Partner*innen in ihrem Leben Vorrang vor anderen Beziehungen haben.

Der Begriff **Incel** (involuntary celibates: unfreiwillig Zölibatäre) bezeichnet Menschen, die aufgrund von Anziehungsnormen, Marginalisierung und/oder Neurodiversität von erotischen und/oder romantischen Beziehungen ausgeschlossen sind. Die Medienprofessorin Debbie Ging weist jedoch darauf hin, dass der Begriff von weißen Heteromännern übernommen wurde, die glauben, ein Recht auf Sex mit Frauen zu haben, und Opfer von Systemen wurden, die bestimmte Formen von Männlichkeit privilegieren.

SOLO SEX

Bisher haben wir uns vor allem mit Beziehungskontexten für Sex beschäftigt, bei denen eine oder mehrere andere Personen beteiligt sind. Ein Großteil – wenn nicht sogar der größte Teil – des Sex, den wir real haben, ist mit uns selbst.

Solo-Sex ist in allen Beziehungsformen möglich, mit Ausnahme von Formen der Monogamie, die so strikt sind, dass sie ihn als eine Form der Untreue ausschließen. Allerdings ist er oft mit einem Stigma behaftet, und als minderwertig im Vergleich zu Sex mit anderen betrachtet.

Solo-Sex wird immer noch als minderwertig im Vergleich zu Sex mit anderen angesehen: als selbstverliebt, als Teil einer Phase auf dem Weg zu einem ›richtigen‹ sexuellen Wesen und/oder als etwas, das wir als ›Übung‹ für ›echten Sex‹ tun können. Wenn wir ihn genießen, gilt er als riskant und potenziell suchterzeugend.
Kommunikationswissenschaftlerin
und auto(erotische)-Ethnografin
Kristen C. Blinne

Wir können den Begriff ›Solo-Sex‹ auf alle Formen der erotischen Aktivität mit uns selbst ausweiten.

A STEAMY

SOLO UND/ODER GETEILT?

Susanna Paasonen, Autorin von Many Splendored Things, weist darauf hin, dass der Austausch von Fantasien, Amateurpornos und Webcam-Sitzungen im Internet die Grenzen zwischen Sex und Spiel sowie Solo- und anderem Sex verwischt.

SLASH FIC
HOLMES / WATSON
#johnlock
RELATIONSHIP

Eine häufige Art von Online-Erotik ist die sog. ›Slash Literatur‹, in der Fans fiktive Figuren aus ihren Lieblingssendungen, -büchern und -filmen ›slashen‹ oder ›verschiffen‹. Dies stellt allerlei Annahmen in Frage, zum Beispiel über:

- Geschlecht und Sexualität, da sie oft von heterosexuellen Frauen über männliche Paare geschrieben werden
- das Standard-Drehbuch, da es verschiedene Praktiken einbezieht
- den angemessenen Beziehungskontext für Sex, da platonische Freunde durch das Schreiben der anderen Person erregt werden
- Die Notwendigkeit, sich für einen erotischen Austausch am selben Ort – oder sogar in derselben Zeit – zu befinden, da Menschen oft nicht synchron miteinander schreiben und lesen.

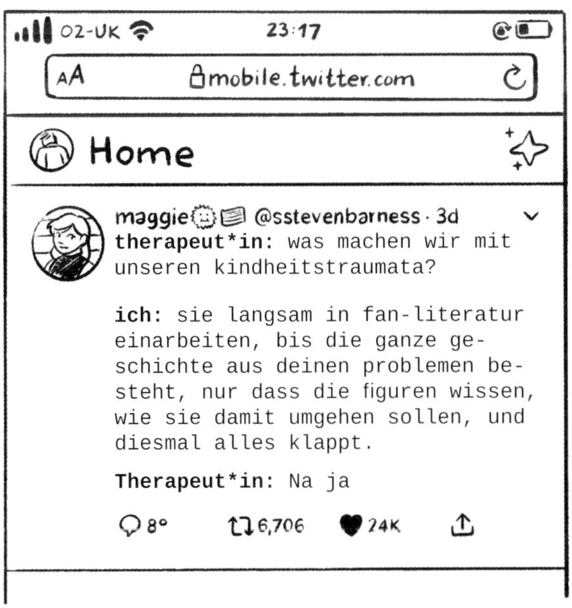
O2-UK
23:17
AA
mobile.twitter.com
Home
maggie @sstevenbarness · 3d
therapeut*in: was machen wir mit unseren kindheitstraumata?
ich: sie langsam in fan-literatur einarbeiten, bis die ganze geschichte aus deinen problemen besteht, nur dass die figuren wissen, wie sie damit umgehen sollen, und diesmal alles klappt.
Therapeut*in: Na ja
8°
6,706
24K

Wie bei allen Formen von Sex bedeutet das Schreiben/Lesen von Erotika für verschiedene Menschen zu verschiedenen Zeiten unterschiedliche Dinge. Es kann Spaß machen, intellektuell anregend, heiß, heilend und mehr sein.

ZURÜCK ZUM NORMALZUSTAND

Bisher haben wir gesehen, wie Sexualität in normal/abnormal unterteilt wurde, in Bezug auf Identitäten, die auf Anziehung, Aktivitäten, Bedürfnissen und Beziehungen beruhen.

Wir haben eine moralische Dichotomie entdeckt, die die Existenz einer ›normalen Mehrheit‹ voraussetzt – von heterosexuellen monogamen Paaren, die PIV-Sex haben – ebenso wie die einer ›anormalen Minderheit‹. Aber wenn wir alle Menschen zusammenzählen, die ›andere‹ erotische Anziehungen, körperliche Erfahrungen, sexuelle Wünsche und Beziehungen haben, stellen diese die große Mehrheit dar, nicht die Minderheit.

Fast die Hälfte aller jungen Menschen fühlt sich in Teilen zu Personen des gleichen Geschlechts hingezogen.
Mehr als die Hälfte der Bevölkerung erlebt in ihrem Leben eine ›sexuelle Funktionsstörung‹, und wir alle schwanken im Laufe der Zeit in Bezug auf das Ausmaß unseres sexuellen Verlangens.
Zwei Drittel haben ›kinky‹ Fantasien
Mehr als die Hälfte ist in irgendeiner Form nicht monogam.

Wir können uns also nicht nur von der Binarität normal/abnormal lösen, sondern auch das Minderheit/Mehrheit-Modell in Frage stellen. Die Abkehr von diesem Modell hilft uns, Vielfalt anstatt binärer Aufteilungen zu sehen und zu berücksichtigen, was wir von Menschen mit anderen Ideen und Praktiken als unseren Eigenen lernen können.

KAPITEL 6: WIE SEX FUNKTIONIERT

Wie entwickelt sich ein inneres Verständnis unserer eigenen Sexualität? Und wie entwickelt es sich im Laufe der Zeit so, wie es sich entwickelt? Üblicherweise wurden diese Fragen als die Suche nach Erklärungen für das abweichende Verhalten derjenigen, die nicht der vermeintlichen ›Norm‹ entsprechen, gestellt

Sexualitäten, die nicht der Norm entsprechen, werden als beweis- und erklärungsbedürftig angesehen oder komplett in Frage gestellt

Ist das so, weil Du als Kind misshandelt wurdest?

Schon so auf die Welt gekommen?
Die Suche nach dem Homo-Gen!
Was verursacht Sexsucht?
Hab ich was falsch gemacht?
BI PRIDE
Hetero, homo, oder Lügner*in?
Generation Schneeflocke: erfundene Sexualitäten
Niemand ist wirklich asexuell
Es ist bestimmt nur eine Phase

Die Philosophin Talia Mae Bettcher argumentiert, dass diese grundsätzliche Verweigerung von Authentizität marginalisierten Menschen ihre Definitionsmacht über ihre eigene Sexualität und ihr Geschlecht abspricht.

Neben normal/abnormal gibt es noch eine weitere Dichotomie, auf welche diese Fragen nach Ursache oder Erklärung zurückgehen: Die veranlagte/ anerzogene Binarität geht davon aus, dass der Grund, warum jemand Teil einer ›sexuellen Minderheit‹, ›sexuell gestört‹ oder ›paraphil‹ ist, entweder in der Biologie oder in der Erfahrung liegen muss: Wurden sie so geboren oder so gemacht? Ist es angeboren oder hat es sich entwickelt?

VERANLAGUNG ODER ERZIEHUNG?

Die Frage nach Veranlagung oder Erziehung war in der Sexualkunde zu allen Zeiten relevant, wobei sich die Antworten radikal verschoben haben. Die meisten früheren Sexualwissenschaftler*innen gingen davon aus, dass es sich bei sexueller ›Abweichung‹ um eine körperliche Krankheit (Veranlagung/Natur) handelt, während Freuds Theorie sie in Kindheitsphasen verortete (Erziehung/Kultur).
Als Masters und Johnson ihre Forschungen anstellten, ging man davon aus, dass sexuelle Probleme zu 90 % psychologisch bedingt seien, während man heute, in Zeiten, die von großen Pharmakonzerne bestimmt werden, von 80 % physiologischen Problemen ausgeht.

Soziologin und Autorin von »Sexuality«, **Véronique Mottier**

Sexualtherapeutin **Peggy Kleinplatz**

Einige Befürworter*innen auf der Suche nach ›Ursachen‹ argumentieren, dass dies wichtig sei um biologische Ursachen für verschiedene Aspekte der Sexualität nachweisen zu können, was wiederum zu mehr Akzeptanz führen würde. Eve Kosofsky Sedgwick weist jedoch darauf hin, dass unabhängig von der vorherrschenden wissenschaftlichen Meinung über Homosexualität diese immer als Defekt angesehen wurde (z. B. überfürsorgliche Mütter - Erziehung, oder verweiblichte Gehirne - Veranlagung).

NATURE vs NURTURE
Unsere Untersuchungen haben ergeben, dass es kaum Beweise dafür gibt, dass die Förderung eines biologischen Verständnisses von Sexualität Menschen weniger homofeindlich macht.

Sozialpsycholog*innen **Peter Hegarty** und **Felicia Pratto**

NATÜRLICHE ANNAHMEN

Wissenschaftler*innen, die nach biologischen Erklärungen suchen, gehen oft von der vorbelasteten Position aus, dass Sex zur Fortpflanzung die natürlichste Form sei, und berufen sich dabei auf die Tierwelt, um diese Behauptung zu rechtfertigen. Die Biologin Joan Roughgarden und die Soziologin Myra Hird weisen jedoch darauf hin, dass Tiere aus einer Reihe von Gründen Sex haben, nicht bloß der Fortpflanzung wegen. Zum Beispiel:

- Sex kann die Bindungen zwischen Tieren oder Gruppen stärken.
- Viele Tiere masturbieren.
- Viele haben Oral- und Analsex und verwenden Formen der Geburtenkontrolle.
- Artenübergreifender Sex kann nicht zu Fortpflanzung führen.
- Gleichgeschlechtlicher Sex kommt bei mehr als der Hälfte aller Säugetier- und Vogelarten vor, manchmal sogar häufiger als Heterosex.
- Nur sehr wenige Arten sind monogam oder gehen eine lebenslange Paarbeziehung ein.

Die Natur ist also weder statisch, noch offensichtlich.

Biologin und Autorin von »Sex/Gender«,
Anne Fausto-Sterling

Natürlichkeit bedeutet keinen moralischen Wert an sich, und normal ist bloß eine Zahl.

Jesse Bering

Die Begriffe ›natürlich‹ und ›normal‹ werden häufig miteinander vermengt, wobei naturbezogene Argumente im Allgemeinen nur dazu dienen, normative Annahmen über Sex zu untermauern. Die Frage nach der Verursachung setzt voraus, dass wir diese Unterscheidungen zwischen ›normal‹ und ›abnormal‹ treffen können und dass es den einen, universellen Grund für die Einstufung in die Kategorie ›abnormal‹ gibt, statt vieler verschiedener Wege, die jemanden zu seinen Anziehungen, Bedürfnissen und Praktiken führen.

BIOPSYCHOSOZIAL

Sexualität ist immer biopsychosozial. Unser Körper und unser Gehirn (›bio‹) beeinflussen und werden beeinflusst von unseren individuellen Erfahrungen (›psycho‹) und unserer umfangreichen Kultur und den Botschaften, die wir erhalten (›sozial‹). Sie tun dies wechselseitig, unser ganzes Leben lang. Wir könnten diese Aspekte der Sexualität eines Menschen niemals voneinander trennen.

Schauen wir uns einige Beispiele dafür an, wie jeder dieser Faktoren die anderen jeweils beeinflusst.

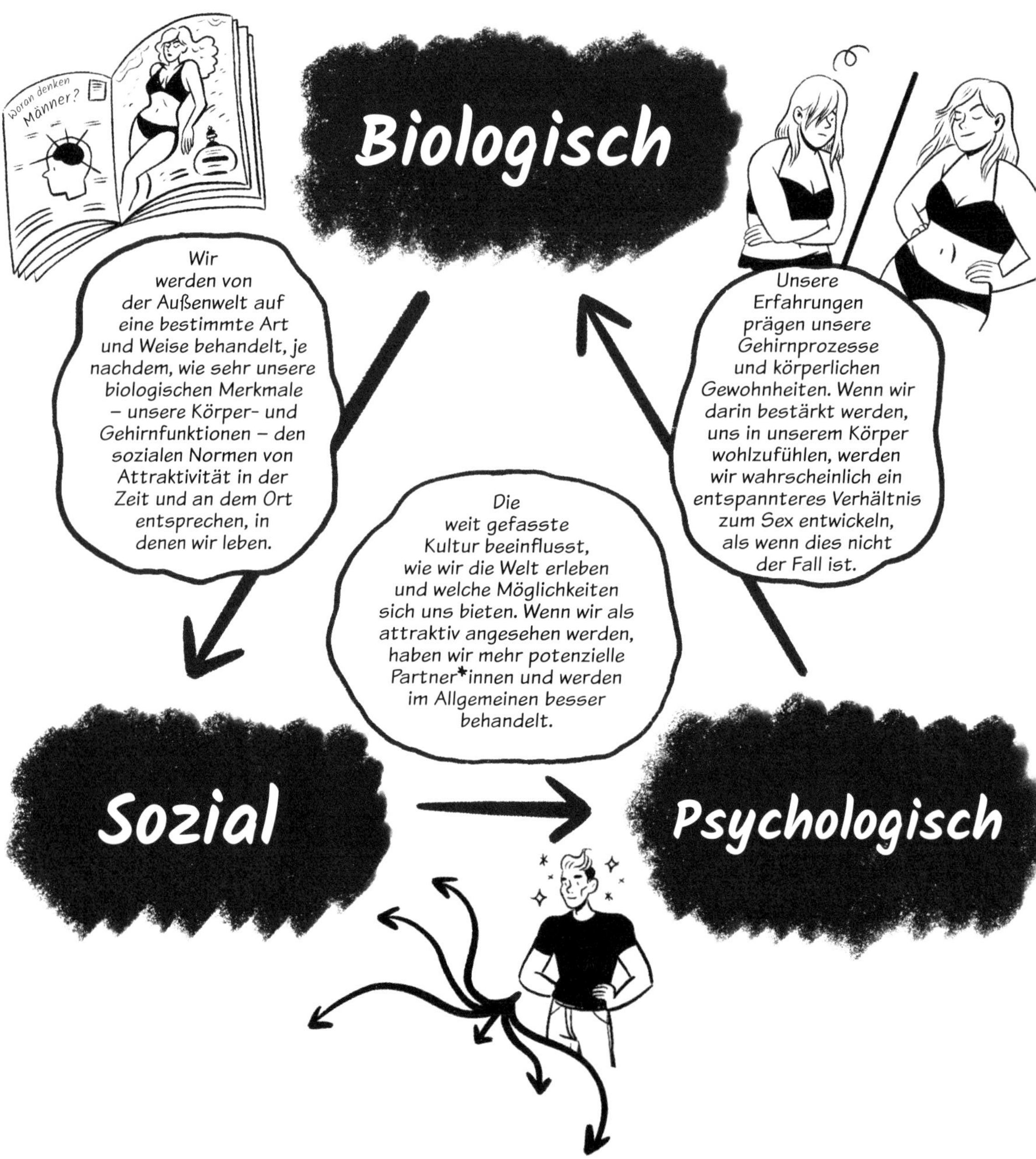
Woran denken Männer?
Biologisch
Wir werden von der Außenwelt auf eine bestimmte Art und Weise behandelt, je nachdem, wie sehr unsere biologischen Merkmale – unsere Körper- und Gehirnfunktionen – den sozialen Normen von Attraktivität in der Zeit und an dem Ort entsprechen, in denen wir leben.
Unsere Erfahrungen prägen unsere Gehirnprozesse und körperlichen Gewohnheiten. Wenn wir darin bestärkt werden, uns in unserem Körper wohlzufühlen, werden wir wahrscheinlich ein entspannteres Verhältnis zum Sex entwickeln, als wenn dies nicht der Fall ist.
Die weit gefasste Kultur beeinflusst, wie wir die Welt erleben und welche Möglichkeiten sich uns bieten. Wenn wir als attraktiv angesehen werden, haben wir mehr potenzielle Partner*innen und werden im Allgemeinen besser behandelt.
Sozial
Psychologisch

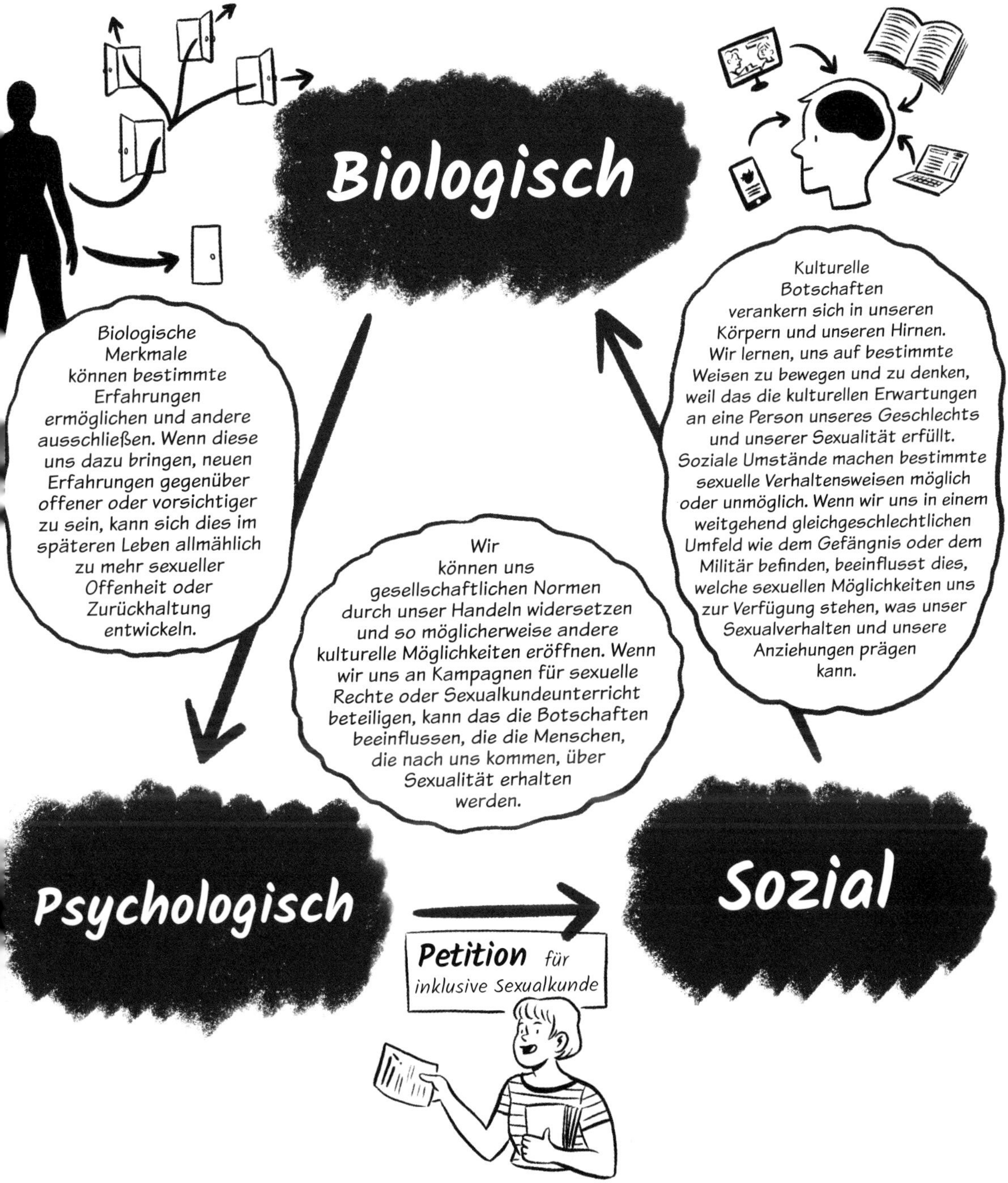
Biologisch
Kulturelle Botschaften verankern sich in unseren Körpern und unseren Hirnen. Wir lernen, uns auf bestimmte Weisen zu bewegen und zu denken, weil das die kulturellen Erwartungen an eine Person unseres Geschlechts und unserer Sexualität erfüllt. Soziale Umstände machen bestimmte sexuelle Verhaltensweisen möglich oder unmöglich. Wenn wir uns in einem weitgehend gleichgeschlechtlichen Umfeld wie dem Gefängnis oder dem Militär befinden, beeinflusst dies, welche sexuellen Möglichkeiten uns zur Verfügung stehen, was unser Sexualverhalten und unsere Anziehungen prägen kann.
Biologische Merkmale können bestimmte Erfahrungen ermöglichen und andere ausschließen. Wenn diese uns dazu bringen, neuen Erfahrungen gegenüber offener oder vorsichtiger zu sein, kann sich dies im späteren Leben allmählich zu mehr sexueller Offenheit oder Zurückhaltung entwickeln.
Wir können uns gesellschaftlichen Normen durch unser Handeln widersetzen und so möglicherweise andere kulturelle Möglichkeiten eröffnen. Wenn wir uns an Kampagnen für sexuelle Rechte oder Sexualkundeunterricht beteiligen, kann das die Botschaften beeinflussen, die die Menschen, die nach uns kommen, über Sexualität erhalten werden.
Psychologisch
Sozial
Petition für inklusive Sexualkunde

Wir können unmöglich auseinanderhalten, welche Aspekte der Sexualität einer Person biologisch, psychisch oder sozial bedingt sind. Aber selbst wenn wir das könnten, sollte es keinen Einfluss darauf haben, wie wir Menschen behandeln.

STRUKTUR UND HANDLUNGSMACHT

Menschen gehen oft davon aus, dass etwas, das biologisch bedingt ist, ›realer‹ ist als etwas, das das Ergebnis sozialer Normen und/oder persönlicher Erfahrungen ist. Wenn eine Sexualität nicht eindeutig biologisch bedingt ist, wird sie oft als ›Lebensstil‹ betrachtet, in dem Sinne, dass man sich auch anders entscheiden könnte – und wahrscheinlich auch sollte. Die Vorstellung, dass natürlich = wirklich ist, vermengt eine Reihe verschiedene Dichotomien. Tatsächlich können wir aber keine menschliche Erfahrung der einen oder anderen Seite zuordnen:

- Veranlagung (biologisch) vs. Erziehung (sozial)
- Essentiell (ein fester Aspekt unseres Wesens) vs. konstruiert (von breiteren Einflüssen geformt)
- Vorbestimmt (verursacht durch innere oder äußere Faktoren) vs. frei (gewählt), oft als Struktur vs. Agency (Handlungsfähigkeit) bezeichnet.

Wie frei sind wir in der Entscheidung, wie wir unsere Sexualität erleben und ausdrücken? Wie sehr wird dies durch die Strukturen um uns herum bestimmt?

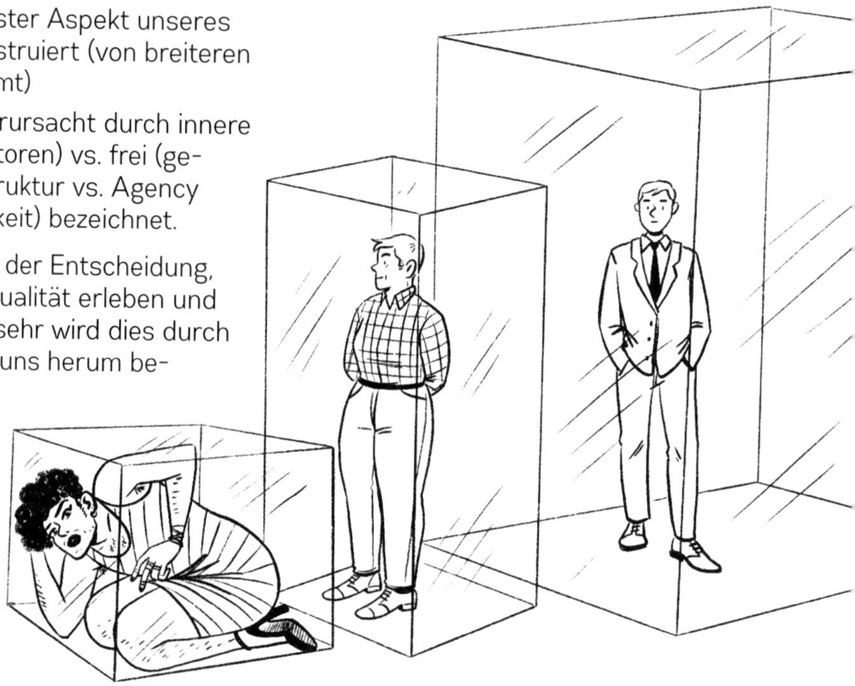

Die gesellschaftliche Auffassung von Sexualität prägt unweigerlich unser Verhalten und unser Verständnis unser selbst als sexuelle Wesen.

Autor*in von »All You Need To Know ... Sexuality«, **Charlie McCann**

Unsere Sexualität wird durch kulturelle Botschaften und soziale Strukturen geprägt, die bestimmen, wie viel Freiheit wir haben (in Bezug auf Geld, Gesundheitsversorgung, Reisen usw.). Weniger restriktive Strukturen und vielfältigere Botschaften geben uns mehr Entscheidungsfreiheit – und umgekehrt.

SIMON UND GAGNON: SEXUELLE DREHBÜCHER

Wir haben also durchweg festgestellt, dass wir alle einem Set ähnlicher kultureller Botschaften und Drehbüchern rund um Sexualität ausgesetzt sind (Heteronormativität, der sexuelle Imperativ, die Dichotomien ›normal‹/›abnormal‹ und ›funktional‹/›dysfunktional‹, usw.).

John H. Gagnon & William Simon
Sexual Conduct
The Social Sources of Human Sexuality
In jedweder Gesellschaft, zu jedem Zeitpunkt ihrer Geschichte, werden Menschen auf dieselbe Art und Weise sexuell, wie sie alles andere auch werden: Ohne viel darüber nachzudenken, nehmen sie Anweisungen aus ihrem sozialen Umfeld auf. Bedeutungen, Fähigkeiten, Werte, all dies wird zugleich von den Menschen um uns herum übernommen, aber auch selbst zusammengesetzt.

Wie kommt es dazu, dass wir unsere Sexualität so unterschiedlich erleben, identifizieren und zum Ausdruck bringen? Die Theorie der sexuellen Drehbücher von Simon und Gagnon geht von einer Reihe von in uns eingebetteten Einflüssen aus. Dazu gehören die ›Skripte‹, die uns in unserer jeweiligen breiteren Gesellschaft zur Verfügung stehen, aber auch in den spezifischen Gemeinschaften und Institutionen, denen wir angehören, in unseren zwischenmenschlichen Beziehungen, und den Familien und anderen Gruppen, in denen wir aufgewachsen sind, sowie in unseren einzigartigen gelebten Erfahrungen und den inneren Gesprächen, die wir mit uns selbst darüber führen.

Umfassende Kultur
Gemeinschaft
zwischenmenschliches
Ich
HEY BUDDY
LGBTQ+ SAFE SPACE
N
Eintritt für eine Person

WIDERSTAND ODER BESTÄRKUNG?

Botschaften über Sexualität können auf jeder Ebene verstärkt werden, oder auf Widerstand stoßen. Wir können entweder über eine begrenzte oder eine größere Auswahl an Möglichkeiten verfügen, was unsere Handlungsfähigkeit erweitern oder einschränken kann. Auch dies wird sich im Laufe der Zeit ändern, da sich unsere Kultur, unsere Communitys, unsere Beziehungen und unsere Erfahrungen mit uns selbst verändern.

Als ich aufwuchs, gab mir die Mehrheitsgesellschaft ein heteronormatives Skript vor, das durch meine Schule und meine Familie verstärkt wurde.
TEEN
PROM
Eine wie keine
WOMYN FEST
Aber ich fand lesbische Communitys, die sich dem widersetzten und mir halfen, ein anderes Drehbuch zu finden, und meine Beziehungen zu Frauen halfen mir, meine Identität und meinen eigenen Ausdruck zu finden.
Aber heute ...
Ich bekomme immer wieder die Botschaft, dass Beziehungen sexuell sein müssen. Meine Community und meine Freund*innen sagen mir auch, dass ich mit einer Frau zusammen sein sollte, um eine ›richtige Lesbe‹ zu sein. Es ist schwer, das mit meinen Gefühlen und dem, was ich jetzt tun möchte, in Einklang zu bringen. Vielleicht muss ich neue Community und Beziehungen finden, um diese Veränderung zu unterstützen.

KEN PLUMMER: SEXUELLE ERZÄHLUNGEN

Der Soziologe Ken Plummer hat die Theorie des sexuellen Skripts in seiner Theorie sexueller Erzählungen weiterentwickelt.

Wir alle erzählen Geschichten darüber, wer wir sind und wie wir zu dem wurden, was wir sind. Wir wiederholen sie für uns selbst und anderen gegenüber, um unserem Leben einen Sinn zu geben und uns auf bestimmte Weise zu präsentieren. Dabei stützen wir uns oft auf die Geschichten, die in den Medien und in den Beziehungen kursieren, in denen wir leben.

Heute ist Sex zur großen Sache geworden, und Menschen erzählen in Talkshows und Magazinen, in sozialen Medien und vor Therapeut*innen, in Selbsthilfegruppen und vor Freund*innen von ihrer Sexualität. Das bedeutet, dass die Geschichten oft ähnliche Strukturen aufweisen und die gleichen Schlüsselelemente enthalten. Zum Beispiel:

Die Coming Out Story
Erkennen, dass ich ›anders‹ war.
Oh – nicht nur ich fühle so.
Einsehen, dass es noch andere gibt wie mich.
Asexuell.
Meine Unterschiedlichkeit benennen.
Ich bin ace!
ASEXY AND I KNOW IT
Coming-out zu Hause, und auf Arbeit.

Geschichten sind kollektive Handlungen. Es braucht Geschichtenerzähler*innen, die Erzählungen produzieren; die Überredungskünstler*innen, Trainer*innen und Nötigenden, die die Macht haben, den Erzähler*innen ihre Geschichten zu entlocken; und die Konsument*innen der Geschichte. Die Geschichten, mit denen sich die Konsument*innen beschäftigen, beeinflussen die Geschichten, die sie selbst erzählen.

#METOO UND SEXUELLE ERZÄHLUNGEN

#MeToo ist eine relativ neue sexuelle Erzählung.

Diese Geschichten zu hören ermöglichte es Vielen, sich als Überlebende in einer Kultur zu verstehen, die sexuelle Gewalt oft verharmlost und die Schuld den Opfern zuweist. Es entlarvte die oft mächtigen weißen Täter und zeigte, dass sexuelle Gewalt ein strukturelles Problem ist, wodurch die einzelnen Überlebenden nicht mehr das Gewicht der Verantwortung tragen mussten.

Autorin von »Digital Feminist Activism«, **Kaitlynn Mendes**

Sexuelle Gewalt kennt weder ›Race‹, noch Klasse oder Geschlecht, aber die Reaktion darauf schon.

Initiatorin von #MeToo, Tarana Burke

Die Tatsache, dass bestimmte Geschichten in den Vordergrund gerückt werden, führt jedoch unweigerlich dazu, dass sich einige Menschen besser widerspiegeln und ihre Geschichten teilen können als andere. Die Erfahrungen Frauen of Color wurden oft ausgeklammert, obwohl #MeToo in ihren Communitys entstanden ist.

Der Mainstream-Feminismus stellt privilegierte weiße Frauen als Opfer in den Mittelpunkt und fordert, dass ›böse Männer‹ bestraft werden, wodurch das Strafrechtssystem gestärkt wird, das wiederum marginalisierten Menschen schadet.

Autorin von »Me not you«, **Alison Phipps**

#metoo
#METOO
#METOO
#metoo
#metoo
#metoo
Ich hatte eine ähnliche Erfahrung.

#MeToo kann bestehende Hierarchien von mehr oder weniger legitimen Arten von Überlebenden und/oder Missbrauch verstärken und die Aufmerksamkeit auf bestimmte Personen lenken, anstatt auf die Systeme, die sie unterstützen. Allerdings hat #MeToo zu einem gewissen systemischen Wandel geführt, da viele Unternehmen beispielsweise ihre Richtlinien zu sexueller Belästigung überarbeitet haben (mehr dazu in Kapitel 7).

VERMITTELTE INTIMITÄT UND SEXUELLE SUBJEKTIVIERUNG

Wir leben heute in einer Welt, die von Darstellungen intimer Beziehungen durchdrungen und gesättigt ist, sowohl in den Medien, die wir kaufen, als auch in den Medien, die wir selbst produzieren. Medien, von Liebesfilmen und Pornos bis hin zu Autobiografien und Sex-Apps, sind unsere wichtigste Informationsquelle darüber, wie Intimität aussieht und sich anfühlt. Also ist Intimität immer vermittelt.
Ros Gill

Homosexualität: Schützt unsere Kinder vor diesen Perversen!
Bald verfügbar:
Leiden Sie wegen Ihrer Homosexualität?
DSM
GRINDR
No fats, no femmes, no asians!
Unsere Liebe zählt!
Tuntige Schwule ruinieren unseren Ruf!

Neoliberale Werte treiben Menschen dazu an, der Welt immer neue und bessere Versionen ihrer selbst zu präsentieren und so zu Unternehmer*innen ihres Selbst zu werden. Wir verinnerlichen und wiederholen die Geschichten, die uns über Sexualität und Individualität verkauft werden, und die ein Gefühl von individuellem Mangel und Versagen verstärken.

Das kann dazu führen, dass wir zu hyperwachsamen Selbstaufpasser*innen werden, die nach außen hin Bilder unseres erfolgreichen sexuellen Selbst pflegen, während wir uns selbst hart verurteilen und kritisieren. Diese Geschichten sind ein kulturelles ›Gaslighting‹, eine Art kultureller Psychoterror, der die wahren Ursachen unseres Leidens verschleiert und uns von den problematischen Systemen und Strukturen ablenkt, die tatsächlich dafür verantwortlich sind.

KÜMMERT EUCH UM EUCH SELBST, MÄDELS!
Er wird es lieben, wie entspannt ich bin, und wie ich strahle ...
HELL BOY
wonderbra
Instagram
#bodypositive
Why only post skinny white girls tho?

EINEN ORGASMUS ›MACHEN‹

Ein gutes Beispiel für vermittelte Intimität ist der Orgasmus. Auf Seite 68 haben wir erwähnt, dass der Druck auf Frauen, einen – echten oder vorgetäuschten – Orgasmus zu haben, um ihre (männlichen) Partner zu beruhigen, eine Form weiblicher emotionaler Arbeit darstellt.

Dies entspricht der allgemeinen Erwartung, dass Frauen diejenigen sind, die Egos füttern und Wunden pflegen.

Philosophin und Autorin von »Femininity and Domination«, **Sandra Bartky**

Alter, die hat mir geil einen geblasen!
Aber sie selbst ist bestimmt nicht gekommen.

Da der weibliche Orgasmus nicht als offensichtlich angesehen wird, müssen Frauen eine spektakuläre Schauspielleistung erbringen. Frauen unterliegen einem unausgesprochenen Zwang, ihre Wertschätzung für die sexuelle Leistung des Mannes zu zeigen, unabhängig davon, ob sie wirklich einen Orgasmus erleben oder nicht, sodass ›echte‹ und ›vorgetäuschte‹ Orgasmen von ähnlichen Darbietungen begleitet werden.

Wir lernen aus Filmen, wie sexuelle Erregung aussieht und sich anhört und – wie bei jeder anderen Sprache auch – übernehmen die Grammatik und Satzbau, ohne uns dessen bewusst zu sein.

Kulturtheoretikerin und Autorin von »Unbearable Weight«, **Susan Bordo**

Die Soziologinnen und Autorinnen des Buches *Theorizing Sexuality*, Stevi Jackson und Sue Scott, weisen darauf hin, dass wir auf eine verkörperte Art und Weise lernen, Orgasmen zu ›machen‹, indem wir uns auf mediale Darstellungen stützen, um unseren eigenen Empfindungen einen Sinn zu geben und anderen Lust und Vergnügen zu vermitteln.

Die vorgetäuschter Orgasmus-Szene aus Harry und Sally

INTERSEKTIONALE SEXUALITÄT

Wir haben über ›die Medien‹ und ›die Gesellschaft‹ gesprochen, aber natürlich verinnerlicht nicht jede*r die gleichen Botschaften über Sexualität.

Wir haben verschiedene Sexualitäten unter anderem aufgrund der erotischen Optionen, die uns zur Verfügung stehen, oder eben nicht – an unserem spezifischen intersektionalen Standpunkt – und die sich im Laufe der Zeit verändern. Unterdrückung und Marginalisierung können unsere Handlungsfähigkeit und erotischen Möglichkeiten einschränken.

Migration wird ständig als ›Krise‹ konstruiert, und die Sexualität, Beziehungen und Familienstrukturen von People of Color werden als pathologisch und als Bedrohung für ›traditionelle Werte‹ und Herrschaftsbeziehungen dargestellt.

Kritische Psychologin und Autorin von »Race, Gender, Social Welfare«, **Gail Lewis**

Kritische Race- und Queer-Theoretiker*innen betonen dagegen immer wieder, wie Migrant*innen und Menschen multi-ethnischer Abstammung festgelegte Identitäten und Dichotomien wie ›normal‹/›abnormal‹ und Minderheit/Mehrheit in Frage stellen, und Wege aufzeigen, wie wir uns alle von einem eindimensionalen Verständnis von Sexualität lösen können.

Klasse
cht
le
Glaube
sch
Alter
rung
Ge
›Race‹
Behinde

Das Leben in gesellschaftlichen Grenzregionen hilft uns, die Willkürlichkeit aller sozialen Kategorien zu erkennen und zu begreifen, dass Unterdrückungen fluide Systeme sind, die in verschiedenen Kontexten unterschiedliche Formen und Nuancen annehmen.

Queer-Theoretikerin **Gloria Anzaldua**

Queers of Color fühlen sich in keinem einheitlichen Diskurs über Minderheiten und Subjektivität wohl. Hybride identifikatorische Positionen sind immer im Umbruch begriffen.

Ich ♥ exotische Frauen
Aber woher kommst du wirklich?
Hässliche *****
Also: Ich bin auf der Suche nach einem echten Mann.
Dickpic?
Hattest Du die Operation schon?

Queer-Theoretiker und Autor von »Cruising Utopia«, **José Esteban Muñoz**

IDENTITÄT ODER FLUIDITÄT?

Anzaldúa und Muñoz folgend ist unsere Sexualität fließend und entfaltet sich ständig: sie ist eine Reihe von Geschichten, die wir erzählen, um unseren Erfahrungen einen Sinn zu geben, im Dialog mit unserer Kultur, unseren Communitys und den Menschen, mit denen wir erotische Begegnungen haben und über Sex sprechen.

Begehren – so auch begehrende Subjekte – lassen sich nicht in diskrete Identitätskategorien einordnen, die während eines ganzen Lebens statisch bleiben.

Psychoanalytische Psychotherapeutin und psychosoziale Theoretikerin, **Noreen Giffney**

Queere Ansätze stehen daher einer ›Identitätspolitik‹ kritisch gegenüber, die für sexuelle Rechte auf der Grundlage der Zugehörigkeit zu einer bestimmten Personengruppe kämpft, was oft den Eindruck schafft, dass diejenigen, die außerhalb der Normen der Mehrheitsgesellschaft stehen, sich outen und sich zu ihrer Sexualität bekennen, oder diese erklären müssen, um zu rechtfertigen, warum sie Anspruch auf Rechte oder Akzeptanz haben.

Identität sollte ein Raum sein, in dem soziale Widersprüche verhandelt werden, anstatt einer, in dem Unterschiede um der Stabilität willen verborgen werden.

Sexualwissenschaftler und Begründer der Queer of Color Critique, **Roderick Ferguson**

Anziehung
Begehren
Aktivitäten
Sexualität
Beziehungen
Begegnungen
LET'S DO THE TIME WARP!

Wie können wir unserer erotischen Erfahrung einen Sinn geben, ohne uns in Erklärungsversuchen und der Suche nach ›Ursachen‹ zu verstricken und uns selbst zu essentialisieren?

Psychologin und Autorin von »Sexuality: a Psychosocial Manifesto«, **Katherine Johnson**

EROTISCHE ASSEMBLAGEN

Eine Möglichkeit, sexueller Erfahrung einen Sinn zu geben, ohne uns zu essentialisieren, ist die Assemblage-Theorie. Diese sieht uns – als menschliche Körper – nur als Teil der gesamten ›Assemblage‹ (Gefüge) jeder sexuellen Erfahrung. Die Wissenschaftler*innen und Autor*innen von *Sociology and the New Materialism*, Pam Alldred und Nick Fox, zeigen dies anhand des Beispiels eines Kusses. Wenn wir nur an die beteiligten Menschen denken, könnten wir uns vorstellen, dass dies die küssende Assemblage ist:

Wenn wir jedoch den Menschen nur als Teil des Bildes betrachten, können wir erkennen, dass die küssende Assemblage eine sehr viel komplexere ist. All die folgenden Elemente können die Art und Weise, wie das Verlangen – und andere emotionale oder körperliche Erfahrungen – durch uns fließen können, ermöglichen oder blockieren:

Wir können also die Vorstellung problematisieren, dass ›ein Kuss nur ein Kuss‹ ist, etwas Mechanisches und Einfaches, was für alle dasselbe bedeutet. Das Gleiche gilt für jeden Aspekt von Sexualität.

EROTISCHE FANTASIE

Was sagt uns das über die seit Freud verbreitete Vorstellung, dass unsere sexuellen Wünsche wichtige Wahrheiten über uns selbst offenbaren: über die Art von Menschen, die wir sind? Wir können zwar die universellen Theorien in Frage stellen, die bestimmte Wünsche oder Anziehungskräfte erklären, aber aus der Beschäftigung mit unseren sexuellen Bedürfnissen und Fantasien lässt sich potenziell eine Menge Selbsterkenntnis ziehen.

Fantasie kann so einfach sein, wie sich eine bestimmte Person oder Handlung vorzustellen, wenn man erregt ist, oder so komplex wie ein detaillierter Film oder eine Geschichte in unserem Kopf. Wir können sie nähren und weiterentwickeln, indem wir Bilder, Videos oder Geschichten anderer suchen, die ähnliche Fantasien darstellen; indem wir sie uns selbst vorstellen, schreiben oder zeichnen; oder indem wir sie allein oder mit anderen ausleben.

MY SECRET GARDEN
WOMEN'S SEXUAL FANTASIES
NANCY FRIDAY
Garden of Desires
The Evolution of WOMEN'S SEXUAL FANTASIES
Emily Dubberley
Barbarella
Die meisten Amerikaner*innen haben sexuelle Fantasien über Gruppensex, Bondage, Dominanz, Unterwerfung, erzwungenen Sex, offene Beziehungen und Sexspielzeuge. Wenn wir uns auf unsere Wünsche einlassen – und sie mit anderen teilen – können wir die Mythen darüber, was normal ist und was nicht, ausräumen und so alle zu besseren Sex haben.
Psychologe und Autor von »Tell me what you want«, Justin Lehmiller
Sense8

Sich auf unsere Fantasien einzulassen, um zu erfahren, was uns anmacht, kann angesichts der restriktiven sexuellen Normen, die wir in diesem Buch behandelt haben, als ziemlich radikal angesehen werden.

VON DER FANTASIE LERNEN

Fantasien von Menschen haben zwar viele gemeinsame Inhalte, aber es gibt keine allgemeingültigen Erklärungen für ihre Bedeutung. Vielmehr haben sie, wie Träume, eine spezifische Bedeutung, je nachdem wie wir das Leben der betreffenden Person verstehen.

Unsere erotischen Kernthemen können sich oft aus den schwierigen Zeiten unseres Lebens entwickeln, die natürlich für jede*n von uns anders sind. Wir können sexuelle Fantasien nutzen, um emotional schwierige Erfahrungen in etwas Angenehmes umzuwandeln. Übrigens eine smarte Überlebensstrategie.
Autor von »The Erotic Mind«, Jack Morin
Ich wurde in der Schule gemobbt. In meinen Fantasien stelle ich mir vor, hart und stark zu sein und mächtige Leute wie meine Bullies leicht zu dominieren.
Ich wurde auch gemobbt, aber ich liebe Schmerz-Trost-Geschichten, in denen ich etwas Schlimmes erleide, aber dann wird für mich gesorgt. Ich glaube, ich wünsche mir, das wäre meine Erfahrung gewesen.

Dies hilft uns zu verstehen, warum sich so viele Fantasien um schwierige Erfahrungen wie Schmerz, Macht, Widerstand und Scham drehen.

Die Auseinandersetzung mit unseren Fantasien kann für uns persönlich hilfreich sein: Sie enthüllt unsere wichtigsten Muster und Überlebensstrategien und hilft uns, uns selbst besser zu verstehen und mit uns selbst mitzufühlen. Dies ist ein radikaler, politischer Akt in einer Kultur, die uns dazu anhält, uns selbst zu überwachen, uns selbst zu kritisieren und so zu tun, als wären wir ›normal‹.

DAS PERSÖNLICHE IST POLITISCH

Das Einlassen auf unsere Fantasien kann uns auch helfen, mit anderen einvernehmlicher zu sein.

Die größte Gefahr bei Dingen, die uns geil machen, uns aber auch irritieren, besteht darin, dass wir versuchen, sie zu verleugnen und vor uns selbst zu verbergen. Es kann dann sein, dass wir sie verdrängen und/oder sie nicht einvernehmlich ausleben.

Wenn wir uns der Fantasie mit Offenheit und Neugierde zuwenden, können wir ethische Entscheidungen darüber treffen, welche wir als Fantasien beibehalten, welche wir mit einwilligenden Partner*innen ausleben, und mit welchen wir uns auf andere Weise kreativ auseinandersetzen können.

Unsere Fantasien entstehen in einem bestimmten sozialen Kontext sowie im Kontext unserer eigenen gelebten Erfahrungen. Die Beliebtheit von Fantasien von Machtspielen und erzwungenem Sex macht in einer nicht-einvernehmlichen Kultur Sinn, wie wir im nächsten Kapitel untersuchen werden.

Bei Fantasien geht es nie nur um ihren Inhalt, sondern immer auch um die strukturelle Position und den sozialen Kontext ihrer Autor*innen und Konsument*innen

Sci-Fi Autorin und Literaturkritikerin, **Joanna Russ**

Er tut so, als ob ich nicht hier wäre, obwohl ich die Frage gestellt habe!
Ich bin so lost.

!
BOSS

DAS EROTISCHE ERWEITERN

In Kapitel 1 haben wir gesehen, wie Libertäre und Revolutionär*innen sexuelle Befreiung und kulturelle Revolution als miteinander verwoben betrachteten. Die Hinwendung zur Fantasie als gleichzeitig individuell und sozial, persönlich und politisch, könnte solche radikalen Potentiale verwirklichen.

Erotika können einen sicheren, phantasievollen Raum schaffen, um die Schrecken von Unterdrückung zu verarbeiten: die Auseinander-setzung mit komplexen Fragen des Konsens, des Willens, der Hand-lungsfähigkeit und des Verlangens.

Genderwissenschaftlerin & Autorin von »Stripping, Sex und Popular Culture«, ***Catherine M. Roach***

Angst, Zerstörung, Geilheit und Befreiung schichten sich in der Sexu-alität queerer Männer wie Blätterteig übereinander. Dies ist gleichzeitig wider-ständig, da wir das erotisiert haben, was uns zu zerstören versucht hat, und mit einem Makel behaftet ist, da es eine Unsicherheit im Herzen der Existenz queerer Männer schafft.

Sexarbeits-Aktivist
Jack Saul

Die Rückgewinnung der Erotik ist komplex, aber die Beschäftigung mit existierenden erotischen Erzählungen – und die Erschaffung unserer eigenen in der Fantasie oder im Spiel – kann unsere erotische Vorstellungskraft und die sexuellen Geschichten ›da draußen‹ in der Gesellschaft erweitern.

GIRL ON THE NET
Was hältst Du von den Macht-dynamiken in diesem Teil?

Erotische Geschichten, die persön-lich, körperlich und beziehungsori-entiert sind, bieten die Möglichkeit, die eigene Reise zu überdenken und neu zu erzählen, indem man darüber nachdenkt, Fragen stellt, Kritik übt und einen Dialog mit anderen führt.

Kristen C. Blinne

WAS IST SEXUALITÄT DENN NUN?

Wir haben uns wegbewegt vom sexualwissenschaftlichen Verständnis von Sexualität als einer festen, essentiellen Identität, die konstituiert ist um eine bestimmte Art von Anziehung, Begehren, Aktivität oder Beziehung, die als normal/abnormal kategorisiert und mit einer universellen Natur/Pflegetheorie erklärt werden kann, zu etwas, das in etwa so aussieht:

> Sexualität ist ein multidimensionales, biopsychosoziales, intersektionales, *fluides*, sich ständig veränderndes Gefüge aus sozialen Normen verstärkenden/ihnen gegenüber widerständigen Geschichten, die die Dynamik verkörperter Gefühle wie *Begehren* und *Scham* ermöglichen und/oder blockieren.

Neue Geschichten von substantieller Vielfalt, sexueller Fluidität oder erotischer Intelligenz könnten erotische Wünsche und Anziehungen erweitern – auch wenn dabei immer die Gefahr besteht, dass sich neue Hierarchien und Normen bilden.

Wir können uns unsere Sexualität zwar nicht aussuchen – in dem Sinne, dass wir uns zwingen, sexuellen Normen zu entsprechen –, aber wir können unsere Handlungsfähigkeit und unser erotisches Potenzial erweitern durch die Geschichten, mit denen wir uns beschäftigen, die unterstützenden Communitys, die wir um uns herum aufbauen, und die erotischen Begegnungen, auf die wir uns einlassen. Dies kann es uns ermöglichen, Anziehungen und Begierden außerhalb einschränkender Normen zu erleben und Aktivitäten und Beziehungen zu finden, die uns guttun.

HETERONORMATIVITY
HOMONORMATIVITY
QUEERNESS

Unsere Vision ist, dass die Wiedergewinnung der Handlungsmacht über unsere Körper auf andere Aspekte unseres Lebens ausstrahlt, und uns dazu anregt, politische, wirtschaftliche und soziale Handlungsfähigkeit zurückzugewinnen.

Sexualpädagog*innen & Begründer*innen der Afrosexologie,
Rafaella Fiallo & Dalychia Saah

KAPITEL 7: ZUSTIMMUNG

Im Zusammenhang mit der Sexualität ist Zustimmung von entscheidender Bedeutung. Die Gründe dafür sind das Trauma, das durch nicht einvernehmliches sexuelles Verhalten verursacht wird, und die Schwierigkeiten, die wir alle haben, andere – und uns selbst – in unserer konsensorientierten Kultur einvernehmlich zu behandeln. Auch wenn die juristischen und anderen Definitionen des Begriffs ›Zustimmung‹ variieren, beinhalten sie meist, dass Menschen:

- **freiwillig zustimmen**
- **die Freiheit und Fähigkeit haben, diese Entscheidung zu treffen**

In diesem Kapitel werden wir die Bedingungen untersuchen, die notwendig sind, um sicherzustellen, dass wir und andere Sex – und allem anderen – einvernehmlich zustimmen.

Die gegenwärtigen gesellschaftlichen Bedingungen führen oft dazu, dass auch Menschen, die niemals ohne die Zustimmung ihres Gegenübers handeln würden, dies dennoch tun. Sie machen es auch denjenigen leichter, die ein übergriffiges Sexualverhalten an den Tag legen wollen, dies zu tun, und damit auch durchzukommen.

Fast die Hälfte aller Frauen und ein Viertel aller Männer erleben sexuelle Übergriffe, meist durch Personen, die sie kennen. Besonders häufig betroffen sind People of Color, trans Menschen und Sexarbeiter*innen.

*Menschenrechtsaktivist*in* ***Maya Finoh***

Obwohl es sich um die größte Kategorie von Straftaten handelt, werden sexuelle Übergriffe nur selten angezeigt, und die, die angezeigt werden, haben die niedrigsten Aufklärungsquoten (unter 6 %).

sychologin und Autorin von »The Consent Collective«, ***Nina Burrowes***

BEDINGUNGEN DER NICHT-ZUSTIMMUNG

Wenn wir die Bedingungen betrachten, die es weniger wahrscheinlich machen, dass Sex einvernehmlich ist, erkennen wir, dass die in diesem Buch behandelten Vorstellungen von Sex Teil des Problems sind.

Der Druck, Sex zu haben, um als **normaler**, gesunder Mensch angesehen zu werden und eine **Beziehung** aufrechtzuerhalten.
Ich kann ihr nicht sagen, was ich wirklich will, sie würde mich für nen Freak halten. Ich muss weitermachen, sonst denkt sie, ich sei kein richtiger Mann.
Ich muss ihn dazu bringen, Sex mit mir zu haben, damit ich mich in unserer Beziehung sicher fühle. Ich muss so tun, als ob es mir Spaß macht, sonst verletze ich seine Gefühle.
Ein festgelegtes sexuelles Skript, das Du bis zum Ende durchspielen musst, sonst hast Du **VERSAGT**.
Starre Vorstellungen über geschlechtsspezifische Rollen beim Sex und die Art und Weise, wie sich der Körper verhalten sollten.
Die Angst und Scham, ›etwas falsch zu machen‹ oder ›abnormal‹ zu sein, machen offene Kommunikation über tatsächliche Wünsche gefährlich.

Dies sind die Bedingungen, unter denen die überwiegende Mehrheit aller Sexualkontakte stattfindet, und die Sexualwissenschaft, die Sexualberatung und die Sexualerziehung haben zur Entstehung dieses Kontexts beigetragen, ebenso wie zur Vernachlässigung der Frage der Zustimmung.

IMPLIZITE ZUSTIMMUNG UND VERFÜHRUNG

Gates 9-23
Gates 24-40
Haltet den Flieger an!

Betrachten wir einmal das Verständnis von Zustimmung, das in der breiteren Gesellschaft kursiert, und seine Auswirkungen. Wir erhalten die klare Botschaft, dass es sexy oder romantisch ist, wenn Menschen – insbesondere Männer – andere ständig verfolgen und sich verführerisch verhalten.

SUMMER DANCE
Ähm, würdest Du gern mit mir Tanzen?
Uhm, sorry, nein.
Sie kennt Dich einfach noch nicht – frag sie nochmal, aber bring Ihr Blumen mit!

Die Ethnografin und Autorin des Buches *Seduction*, Rachel O'Neill, weist darauf hin, dass sich aus dem gesellschaftlichen Mainstream stammende Empfehlungen für Männer häufig auf Ideen aus dem Repertoire der Verführung stützen, um Männern zu erklären, wie sie Frauen gefügiger oder machen, oder ihre Fähigkeit zur freien Zustimmung einschränken können.

Wann bekommst du noch so' n Angebot, hm? Komm schon, lass mich Dich nach Hause bringen.

In der Sexualberatung werden häufig Vorschläge gemacht, die freie Zustimmung erschweren oder unmöglich machen. So wird zum Beispiel vorgeschlagen, dass Menschen ›es einfach tun‹, anstatt mitzuteilen, was sie wollen; dass sie ihre Partner*innen mit sexuellen Szenarien überraschen; dass Frauen den Männern erlauben, beim Orgasmus alles zu tun oder zu sagen, was sie wollen; und: Paare sollen regelmäßig Sex haben, auch wenn sie es nicht wollen. Zusätzlich zu diesem Druck, Menschen zum Sex zu drängen und Sex zu vollziehen, anstatt ihn auf Gegenseitigkeit beruhen zu lassen, gibt es oft ein ›Nein heißt Nein‹-Verständnis von Zustimmung: Alles ist erlaubt, solange die andere Person es nicht aktiv ablehnt.

NEIN HEISST NEIN

›Nein heißt Nein‹ ist eine unrealistische Erwartung in einer Kultur, in der Menschen selten direkt ›Nein‹ sagen. Feministische Psychologinnen wie Celia Kitzinger und Rachael O'Byrne haben herausgefunden, dass wir im Allgemeinen sowohl in sozialen wie auch in sexuellen Situationen Ablehnung bekunden, indem wir behaupten, beschäftigt zu sein, indem wir still werden oder das Thema wechseln, und wir verstehen diese Dinge im Allgemeinen als ein ›Nein‹.

Kommt schon, kommt mit in die Kneipe.
Ich fürchte, ich hab heute Abend zu tun.
Ich muss dieses Projekt fertig machen.

Sollen wir nach oben gehen?
Es tut mir echt leid, aber ich bin richtig müde.
Ein andermal, mein Lieber.

Der ›Nein heißt Nein‹-Ansatz geht davon aus, dass Einwilligung solange vorhanden ist, bis sie entzogen wird. Der Schwerpunkt liegt auf der Frage, ob die empfangende Person deutlich genug ablehnt, und nicht darauf, ob die initiierende Person genug tut, um sicherzustellen, dass der Sex einvernehmlich ist.

Dieser Ansatz führt oft zu mittelmäßigem Sex sowie zu nicht einvernehmlichen Interaktionen. Das liegt daran, dass er sich auf das konzentriert, was die Menschen nicht deutlich ablehnen, und nicht auf Dinge, die sie aktiv tun wollen.

ENGAGIERTE ZUSTIMMUNG

Ein anderer, von vielen Sexualpädagog*innen befürworteter, Ansatz ist die Umkehrung der ›Beweislast‹: das Modell ›Ja heißt Ja‹, auch bekannt als enthusiastic consent, ›engagierte Zustimmung‹.

Alle Partner*innen sind dafür verantwortlich, dass alle Beteiligten aktiv genießen, was zwischen Euch beiden (oder mehreren) passiert.

Feministische Autorin & Herausgeberin von »Yes means Yes«, **Jaclyn Friedman**

Hey Jungs, worauf habt Ihr Bock?
Ich hätte Lust auf Essen bestellen und liefern lassen. Wär' das was für Euch?
Ach ja, und vielleicht können wir den Film schauen, auf den wir alle Bock hatten?

Das erfordert **informierte Zustimmung**, denn wir können nicht ›Ja‹ sagen, wenn wir nicht wissen, was vorgeschlagen wird.

Engagierte Zustimmung ist kaum herzustellen, wenn Menschen nicht in der Lage sind, ihre Wünsche offen zu kommunizieren, was nur wenige sind. Außerdem ist es in schwierig in kulturellen Kontexten, in denen alle – oder bestimmte Gruppen – stark sozialisiert sind, Begeisterung für Dinge zu zeigen, von denen sie nicht wirklich begeistert sind.

Es ist perfekt.
Klar würde ich mich freuen, wenn Du kämst.
BELEGSCHAFTSRAUM
AW!

SEX WOLLEN UND SEX ZUSTIMMEN

Im Allgemeinen wird angenommen, dass erwünschter Sex immer einvernehmlich und unerwünschter Sex immer nicht einvernehmlich ist. Es ist wichtig, dies auseinander zu halten. Viele asexuelle Menschen, Sexarbeiter*innen und andere haben manchmal einvernehmlichen Sex, ohne ihn zu wollen. Sie leiden darunter, wenn ihre Partner*innen, Kunden*innen oder andere Personen darauf bestehen, dass es entweder nicht einvernehmlich war oder dass sie es tatsächlich gewollt und Lust empfunden haben müssen. Dadurch asexuellen Menschen die Realität ihrer Asexualität in Abrede gestellt (siehe S. 65).

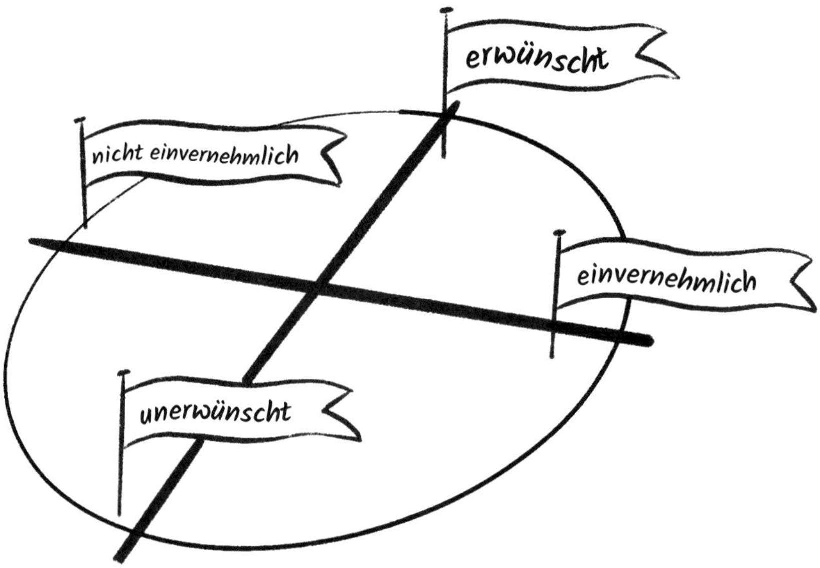

erwünscht
nicht einvernehmlich
einvernehmlich
unerwünscht

Menschen, deren Nichtzustimmung übergangen wird, haben oft große Schwierigkeiten, wenn sie den Sex in gewissem Maße wollten, wenn sie davor oder währenddessen Erregung/Lust verspürten oder wenn er später in ihren sexuellen Fantasien auftaucht. All dies ist jedoch normal und legitimiert die Verletzung der Zustimmungspflicht nicht.

Sich darüber im Klaren zu sein, wo wir uns auf diesem Spektrum von Wollen und Einverständnis oder deren Abwesenheit befinden, kann in allen Lebensbereichen hilfreich sein, da Menschen manchmal Dinge tun müssen, die sie nicht wollen, aber trotzdem in der Lage sein sollten, ihre Zustimmung zu geben.

Diese Verwechslung von Wollen und Zustimmung liegt auch der weit verbreiteten Annahme zugrunde, dass Sexarbeiter*innen keine eigene Handlungsmacht haben, und ignoriert die Tatsache, dass sie Arbeiter*innen sind, für die Begeisterung vortäuschen ein Teil der emotionalen Arbeit im Rahmen ihres Jobs ist.

Sexarbeiterin und Autorin,
Charlotte Shane

DURCHGÄNGIGE KOMMUNIKATIVE ZUSTIMMUNG

Man denke nur an das Öffnen des Hemdknopfes einer anderen Person. Die nonverbalen Reaktionen darauf signalisieren eindeutig Zustimmung oder Nicht-Zustimmung.

Wissenschaftlerin und Expertin für sexuelle Gewalt, ***Melanie Beres***

Manche haben auf #MeToo reagiert, indem sie Verträge oder Apps entwickelt haben, mit denen Menschen ihre Zustimmung vor einer Begegnung festhalten können. Dadurch wird Zustimmung als einmalige Interaktion geframed, und nicht als etwas, das durchgängig geschehen muss. Menschen können zum Beispiel ihre Meinung darüber ändern, worauf sie Lust haben, oder etwas ausprobieren und feststellen, dass es nichts für sie ist.

In **fortlaufenden** oder **kommunikativen** Modellen wird die sexuelle Zustimmung als aktiver Prozess der Willensbekundung betrachtet. Die Zustimmung ist ein relationaler Prozess – zwischen Menschen – anstatt dass eine Person den Anstoß gibt und die andere ablehnt oder annimmt. Sie beinhaltet eine kontinuierliche gemeinsame Entscheidung zwischen mehreren Optionen: keine binäre Sex-oder-Nichts-Entscheidung. Die fortlaufende Überprüfung kann verbal oder nichtverbal erfolgen, indem man sich auf die Antworten der anderen Person einstellt.

Angesichts der Forschungsergebnisse über den Mangel an Kommunikation über Sex zwischen Paaren sowie Menschen in Langzeitbeziehungen (siehe S. 72), würde der Übergang zu kommunikativen Modellen der Zustimmung einen Paradigmenwechsel in der Art und Weise erfordern, wie die meisten Menschen derzeit Sex haben.

Das Aufdecken von Unbeholfenheit, das Zulassen von Mehrdeutigkeit und das Anerkennen von Ambivalenzen sind Schlüsselkomponenten sexueller Absprachen.

Zustimmungsforscherin

Elsie Whittington

MACHT UND ZUSTIMMUNG

Die Sicherstellung, dass alle Beteiligten genügend Freiheit sowie die Fähigkeit haben, um zu entscheiden, ob sie an etwas teilnehmen wollen, geht daüber hinaus, sich nicht mit jemandem einzulassen, der betrunken, high oder minderjährig ist.

Ich sollte besser ja sagen, sonst könnte es ihr peinlich sein und sie wird mich durchfallen lassen, wenn die Verträge zur Überprüfung anstehen.
STAFF

Im letzten Kapitel haben wir gesehen, wie gesellschaftliche Machtstrukturen einigen Menschen mehr Handlungsspielraum (Freiheit und Handlungsfähigkeit) geben, als anderen. #MeToo hat deutlich gemacht, wie wichtig es ist, die Intersektionen, die Schnittpunkte verschiedener Machtstrukturen zu berücksichtigen.

Bedeuten Unterschiede in Bezug auf Alter, Geschlecht, kulturellen Hintergrund, ›Race‹, Körperbau, Behinderung, Klasse, Rolle, Traumaerfahrungen oder andere Faktoren, dass wir in einer bestimmten Situation über unterschiedlich viel Macht verfügen? Wie wirkt sich diese Tatsache auf die wahrscheinliche Fähigkeit der Beteiligten aus, Zustimmung zu geben? Wie können wir diesen Druck anerkennen und abbauen?

Das ist die einzige Person, die meine Behinderung nicht zum Thema gemacht hat. Ich sollte es versuchen, auch wenn ich mir nicht sicher bin.

Ich werde hierbleiben und Sex haben müssen, weil ich's mir nicht leisten kann, nach Hause zu kommen, wenn er mich nicht fährt.

ZUSTIMMUNGSKULTUR(EN)

Die ›Zustimmungskultur‹-Bewegung entstand Anfang der 2010er-Jahre aus einem selbstkritischen Moment der BDSM-Community heraus (siehe S. 81).

Wir mussten anerkennen, dass nicht-einvernehmliche und missbräuchliche Dynamiken in jeder Community vorkommen. Es gab eine Art stiller Übereinkunft in unserer Community, diese zu verbergen, damit nicht die negativen Stereotypen, die über BDSM zirkulieren, verstärkt würden. Ich verglich es damit, dass alle um eine fehlende Treppenstufe herumlaufen, anstatt sich darum zu kümmern.

Kink-Blogger und Aktivist
Cliff Pervocracy

Alle anderen finden ihn großartig – es muss an mir liegen.
Ich kann nicht sagen, dass er gestern Abend meine Grenzen überschritten hat; niemand würde mir glauben.
Wir riskieren einen krassen Shitstorm, wenn herauskommt, was er getan hat.
Wenn ich erwähne, was mit ihm passiert ist, verliere ich meine Community.
Vielleicht hat er recht, und ich bin als Sub einfach nicht gut genug.

Die Bewegung um die Zustimmungskultur verweist auf Machtdynamiken zwischen Menschen, welche die Fähigkeit zum Einverständnis einschränken. Sie erkennt auch an, wie schwierig – wenn nicht gar unmöglich – es ist, einvernehmliches Verhalten in diesem einen Lebensbereich – Sex – zu gewährleisten – wenn unsere Beziehungen, Communitys und Kulturen im weiteren Sinne so oft nicht einvernehmlich sind.

ZUSTIMMUNG AUF ALLEN EBENEN

Das Modell von Simon und Gagnon aus dem letzten Kapitel kann zeigen, wie nicht-einvernehmlich unsere Welt auf allen Ebenen ist, was es uns extrem schwer macht, auf der Ebene sexueller Begegnungen – mit uns selbst und anderen – Zustimmung zu praktizieren.

Umfassende Kultur
Gemeinschaft
Zwischenmenschliches
Ich
HEY BUDDY
LGBTQ+ SAFE SPACE
N
Eintritt für eine Person

Zustimmung ist im Rahmen des kulturell dominanten heterosexuellen Skripts sehr schwierig. Es wird davon ausgegangen, dass Männer von Natur aus Sex brauchen und die Initiative ergreifen sollten; Frauen werden nicht als aktiv begehrend angesehen und werden darauf reduziert, die Einladung abzulehnen oder anzunehmen.

Feministische Psychologin und Autorin von »Just Sex?«, ***Nicola Gavey***

Wir müssen auf allen Ebenen auf eine besser informierte, kontinuierliche Zustimmung hinarbeiten. Wir brauchen Systeme und Strukturen, die uns darin unterstützen, uns einvernehmlich zueinander zu verhalten. Wir können es nicht allein schaffen, da dominante gesellschaftliche Strukturen zu stark von Nicht-Zustimmung geprägt sind.

Es ist sinnvoll, über die Botschaften und Praktiken nachzudenken, die wir in unserer Kindheit in Bezug auf Zustimmung auf jeder Ebene gelernt haben, und die Botschaften und Praktiken, die uns heute auf jeder Ebene umgeben.

Als Kind lernte ich, Umarmungen und Küsse zu akzeptieren, die ich nicht wollte, was im späteren Leben bedeutete, dass ich viel sexuellen Kontakt hatte, den ich auch nicht wollte.

NICHT-ZUSTIMMUNG UND INTERGENERATIONELLES TRAUMA

Wir können nicht-einvernehmliche Kulturen und Praktiken als ein intergenerationelles Trauma begreifen, das zwischen Generationen weitergegeben wird (siehe S. 32). Selbst wenn die Nichteinwilligung in unserer Kindheit nicht sexueller Natur ist (was aber bei vielen der Fall ist, einschließlich eines Drittels aller Frauen), werden die meisten von uns gezwungen, sich auf unerwünschte körperliche Berührungen einzulassen und uns ständig in gefährliche Situationen zu begeben. Uns wird beigebracht, unseren Gefühlen und unserem Körper nicht zu vertrauen, Ja zu sagen, wenn wir Nein fühlen, anderen zu gefallen und Begeisterung vorzutäuschen.

Das uralte Monster im Buch und im Film *Es*, das jede Generation wiederkehrt, kann als Metapher für intergenerationelles Trauma gesehen werden, da es die Art und Weise widerspiegelt, wie Erwachsenen ihren Kindern beibringen, auf eine nicht einvernehmliche Art und Weise mit sich selbst und anderen umzugehen.

SEI NICHT SO NE MEMME!
NICHT SO LAUT!
MOBBING GEHÖRT EINFACH DAZU, EIN KIND ZU SEIN.
DU WIRST ES ÜBERSTEHEN.
ISS DEINEN TELLER LEER.

Diese Art, sich auf andere zu beziehen, bedeutet, dass wir im späteren Leben einem weitaus größeren Risiko ausgesetzt sind, nicht einvernehmlichen Sex sowie im weiteren Sinne Beziehungen zu haben; eine Tatsache, die wir dann vielleicht nicht einmal erkennen können, weil diese Art des Sich-aufeinander-Beziehens so normalisiert und vertraut ist.

DIE BREITENKULTUR

Die nicht-einvernehmlichen Botschaften, die wir in unseren Gemeinschaften und Beziehungen erhalten, spiegeln eine nicht-einvernehmliche Breitenkultur wider, die, wie wir gesehen haben, darauf basiert, dass einige Leben, Körper und Aktivitäten als von Natur aus wertvoller als andere behandelt werden.

Wir sehen diese Verbindung zwischen intergenerationalem und historischem Trauma in *Es*. Das Monster entstand zur Zeit des Siedlerkolonialismus und des Völkermords an den indigenen Amerikaner*innen. Jedes Mal, wenn Es wieder auftaucht, verübt es Gräueltaten, die wiederum im Zusammenhang stehen mit den menschlichen Übeln, die zur jeweiligen Zeit präsent sind, zum Beispiel rassistische Gewalt in den 1930er-Jahren, und antiqueere Hassverbrechen in den 1980ern. Es hält der Gewalt gegen uns selbst, gegeneinander, gegen andere Arten und gegen das Land, die die Grundlage unserer heutigen Gesellschaft, Wirtschaft und Politik bildet, einen Spiegel vor.

Die Botschaften darüber, wie Menschen sich dazu zwingen sollten, bestimmte Arten von Körpern, Beziehungen, sexuellen Aktivitäten, Häufigkeit von Sex, Wünschen und Anziehungen (und nicht andere) zu haben, könnten als eine Form von **sozialem Zwang** angesehen werden. Man sagt uns, wir würden Beziehungen, Liebe und Anerkennung verlieren und beschämt, stigmatisiert und diskriminiert werden, wenn wir uns nicht anpassen.

OMG, Becky
Schau Dir ihren Hintern an
Kolonialismus / Weiße Vorherrschaft
Umfassende Kultur
Gemeinschaft
zwischenmenschliches
Ich
ADMIT ONE
Eintritt für eine Person
Patriarchat / Heteronormativität
Kapitalismus
Wir können zwischenmenschlichen Zwang (zwischen Menschen) von sozialen Zwang (von der umgebenden Kultur ausgehend) unterscheiden.

GEMEINSCHAFTEN UND INSTITUTIONEN

In ihrem Buch *Sadomasochism in Everyday Life* schreibt die Soziologin Lynn Chancer darüber, wie Schul- und Arbeitsplatzkulturen die Menschen dazu drängen, sich bestimmten Vorstellungen von Erfolg anzupassen, sich mit anderen zu vergleichen, sich selbst zu überwachen und zu beurteilen, sich selbst zu zwingen, produktiv und ständig verfügbar zu sein, toxische Kulturen und Mobbing zu akzeptieren und die Gründe dafür, warum einige gut abschneiden und belohnt werden und andere schlecht abschneiden und bestraft werden, zu individualisieren, anstatt die erhebliche Rolle von Privilegien und struktureller Ungerechtigkeit dabei zu erkennen.

Diese nicht-einvernehmlichen neoliberalen kapitalistischen Vorstellungen davon, wie wir uns selbst und andere behandeln sollten, schleichen sich ständig beim Sex ein: Wir beurteilen unsere Leistung, sind eher auf das Ziel als auf die Gegenwart fokussiert, versuchen, regelmäßig ›Erfolg‹ zu haben, zwingen den Körper, auf bestimmte Weise zu funktionieren, wollen beim Sex ›besser‹ werden usw. Es geht nicht darum, dass wir über die eine oder andere fehlende Stufe stolpern (Täter*innen, die uns sexuell belästigen und angreifen), sondern darum, dass die Treppen gefährlich viele fehlende und kaputte Stufen haben, weil unsere gesamte Kultur auf Nicht-Einwilligung beruht. Viele unserer Communitys und Institutionen spiegeln die Aufrechterhaltung der Kultur im Allgemeinen wider, sich gegenüber uns selbst und anderen nicht-einvernehmlich zu verhalten.

ZWISCHENMENSCHLICHE BEZIEHUNGEN

Sexuelle Zustimmung ist nicht möglich, wenn die Beziehung, in der der Sex stattfindet, nicht einvernehmlich ist. Menschen verhalten sich oft nicht einvernehmlich in romantischen – und anderen – Beziehungen.

In romantischen Komödien werden oft Verhaltensweisen als romantisch dargestellt, die im wirklichen Leben als Stalking und damit als bedrohlich empfunden würden. Solche Darstellungen können dazu führen, dass Menschen eher geneigt sind, Stalking-Mythen zu glauben.

Genderforscherin
Julia Lippman

Romantische Erzählungen normalisieren auch den Versuch, Partner*innen zu überreden, so zu sein, wie man sie haben möchte. Der kulturelle Druck, Beziehungen als perfekt darzustellen und Probleme ins Private zu schieben, führt dazu, dass viele Menschen schädliche, nicht einvernehmliche Dynamiken aushalten. Ohne ein gemeinsames Verständnis von Konsens kann jede Art von Beziehung zu einer nicht-einvernehmlichen Beziehung – oder auch Zwangsbeziehung – werden.

Es fällt uns schwer, beim Sex Grenzen zu ziehen, weil es Teil unserer Kultur ist, Menschen dazu zu zwingen, Dinge zu tun, die sie nicht tun wollen. Wenn jemand nicht auf eine Party gehen, ein neues Essen ausprobieren, aufstehen und tanzen, oder beim Mittagessen Smalltalk machen will – das ist deren Recht. Hört auf mit diesen ›Ach, komm schon‹ und ›nur dieses eine Mal‹-Spielchen, bei denen jemand spielerisch zum Mitmachen gezwungen wird.

Cliff Pervocracy

EIGENER KOSENS

Wir haben im Allgemeinen gelernt, auch uns selbst nicht-einvernehmlich zu behandeln. Das schädigt unsere Beziehungen, sowie unsere mentale und körperliche Gesundheit.

Wenn wir nicht gelernt haben, ›Nein‹ zu sagen, sagt unser Körper das oft für uns.

tor von »When the Body Says No«,
Gabor Maté

Wir müssen eine zustimmungsbasierte Beziehung zu uns selbst haben, bevor wir in der Lage sind, anderen unsere freie Zustimmung zu geben. Das bedeutet, dass wir Verständnis dafür entwickeln müssen, wann unser eigener Körper ›Ja‹, und wann er ›Nein‹ sagt, sowie für unsere eigenen Wünsche, Bedürfnisse und Grenzen.

Sophia Graham

Sophia schlägt vor, zu lernen, wie sich ›Ja‹, ›Nein‹ und ›Vielleicht‹ in unserem Körper anfühlen, indem wir Dinge auflisten, für die wir ein starkes ›Ja‹ oder ›Nein‹ empfinden, und die Gefühle und Empfindungen wahrnehmen, die wir haben, wenn wir uns diese Dinge vorstellen oder tun.

Scharfe Nudeln sind ein klares ›Ja‹. Wenn ich sie esse, entspannt sich jeder Muskel.
DING!
E-Mails checken ist ein klares ›Nein‹. Beim bloßen Gedanken daran knirsche ich schon mit den Zähnen.
Ich

Es ist wichtig, mit uns selbst verständnisvoll umzugehen, denn die meisten von uns haben sich über Jahre hinweg Gewohnheiten angewöhnt, sich nicht einmal gegenüber sich selbst einvernehmlich zu verhalten.

Ich muss diese Aufgabe heute erledigen, aber ich werde mich erst einmal eine Minute lang hinsetzen und überlegen, wie ich das angehen will.

ZUSTIMMUNGSKULTUREN SCHAFFEN

Ich nutze eine Handschlag-Übung, um Menschen zu helfen, das Thema Zustimmung zu erkunden. Der erste Handschlag ist das, was wir automatisch tun. Der zweite ist der, bei dem wir zuerst eine Begrüßung zwischen uns aushandeln. Beim dritten stimmen wir uns kontinuierlich auf uns selbst und die andere Person ein und gestalten zusammen eine einvernehmliche Begegnung.
1
Aua
2
So is' Besser
3
Perfekt!

Sexualpädagoge und Autor von »Enjoy Sex«, ***Justin Hancock***

Diese Übung macht deutlich, wie kulturelle Skripte und Machtgefälle zwischen Menschen Zustimmung erschweren. Sie zeigt auch, wie wir vor einer Interaktion offen kommunizieren, uns während der Interaktion darauf einstellen, und den Menschen mehrere Optionen anbieten können.

So groß!

Im wievielten Monat?

Alltägliche Praktiken der Mikro-Zustimmung zu kultivieren kann dazu beitragen, die Kultur in unseren Communitys zu verändern. Dazu könnte gehören, dass wir immer fragen, bevor wir jemanden berühren, und dass wir kultur-, alters-, geschlechts- und ethnisch spezifische Privilegien anerkennen, auf denen es oft basiert, jemanden ohne Erlaubnis zu berühren.

Wir könnten auch nachfragen, bevor wir in ein potenziell schwieriges Gesprächsthema einsteigen, ein Foto in den sozialen Medien teilen oder entscheiden, was wir kochen. Wir könnten es uns zur Gewohnheit machen, uns vor einem sozialen Ereignis zu vergewissern, dass jede*r in der richtigen Verfassung ist, Alternativen anzubieten, und der Selbstfürsorge Vorrang vor der Einhaltung etablierter Verpflichtungen zu geben.

VERKÖRPERTE ZUSTIMMUNG PRAKTIZIEREN

Das Zustimmungsrad (**wheel of consent®**) von Betty Martin ist ein weiterer hilfreicher Weg zu einer Praxis der Zustimmung.

Bei diesem 3-Minuten-Spiel verbringt man zu zweit 3 Minuten damit, jeden Quadranten auszuprobieren (wobei der*die Spielpartner*in den gegenüberliegenden Quadranten zum eigenen Quadranten einnimmt). Die nehmende Person fragt: ›Darf ich dich auf diese Weise berühren?‹, die annehmende fragt: ›Wirst du mich auf diese Weise berühren?‹
Betty Martin

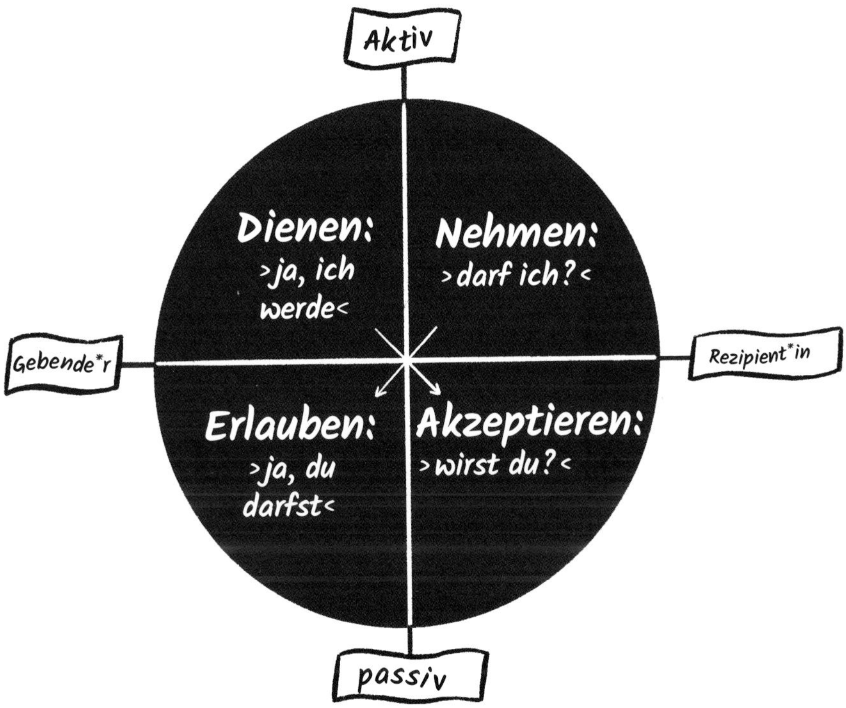

Aktiv
Dienen: ›ja, ich werde‹
Nehmen: ›darf ich?‹
Gebende*r
Rezipient*in
Erlauben: ›ja, du darfst‹
Akzeptieren: ›wirst du?‹
passiv

So können wir üben, zu fragen, uns auf unseren Körper einzustellen, wenn wir gefragt werden, und Zustimmung oder Ablehnung zu kommunizieren und zu erfahren.

Beim Sex – und anderswo – erwecken wir oft den Eindruck, dass wir etwas für eine andere Person tun, obwohl es eigentlich für uns ist (z. B. jemanden berühren oder ihm eine Mahlzeit zubereiten). Wir sind im Quadranten ›Nehmen‹, tun aber so, als ob wir im ›Dienen‹ wären. Das Rad hilft uns, ehrlich zu sein, und zwar auf eine Weise, die für die andere Person weniger verwirrend ist. Wir können auch lernen, in welchen Quadranten wir uns am wohlsten und am unwohlsten fühlen, und unsere Tendenzen erkennen, in nicht-einvernehmliche ›Schattenseiten‹ abzugleiten: vom Nehmen zum*r Täter*in; vom Zulassen zum ›Schwächling‹; vom Akzeptieren zur Anmaßung; und vom Dienen zum*r Märtyrer*in.

RAPE CULTURE

Rape Culture normalisiert, trivialisiert und leugnet Vergewaltigungen und gibt den Überlebenden die Schuld, beschimpft sie als ›Schlampen‹ und ignoriert ihren Schmerz.

#metoo
WARUM HAT SIE NICHT EINFACH ›NEIN‹ GESAGT?
SIE HAT ES DARAUF ANGELEGT, WIE DIE GEFLIRTET HAT – UND IHN DANN NOCH NACH HAUSE EINLADEN ...
DAS WAR ZU MEINER ZEIT NOCH NORMAL.
WARUM BRINGT SIE ES IMMER WIEDER HOCH?
ICH WEISS NICHT, WARUM SICH DIESE GENERATION SO DARÜBER AUFREGT.

In einer Vergewaltigungskultur verdrängen und verstecken Überlebende ihre Erlebnisse oft. Wenn die Grenzen unserer Zustimmung auf irgendeine Weise übertreten werden, versuchen wir oft herauszufinden, was wir getan haben, um es herbeizuführen, geben uns selbst die Schuld, sehen nicht einmal, dass es nicht einvernehmlich war, und bagatellisieren die Auswirkungen des Grenzübertritts. Überlebenden von Zwangskontrolle und anderen Formen geschlechtsspezifischer Gewalt kann außerdem gesagt werden, dass es sich unmöglich um Missbrauch handeln kann, wenn es nicht zu Vergewaltigung oder sexueller Nötigung gekommen ist.

Überlebende werden von allen bestraft. Man bricht die Verbindung zu ihnen ab, beschämt sie und zwingt sie, das Erlebte immer wieder zu durchleben, während man jeden ihrer Punkte anzweifelt und in Frage stellt.

Autorin von »The Opposite of Rape Culture is Nurturing Culture«, **Nora Samaran**

Die Vergewaltigungskultur erlaubt es uns, zu glauben, dass wir eine gewisse Kontrolle darüber haben, ob uns ein Übergriff widerfährt, und nicht zu genau die Momente zu hinterfragen, in denen wir uns selbst nicht einvernehmlich verhalten haben.

Nina Burrowes

VERANTWORTUNG UND WIEDERGUTMACHENDE JUSTIZ

Die nicht-einvernehmliche Natur des Strafrechtssystem mit seinem institutionellen Rassismus und seinem Klassismus hat dazu geführt, dass immer mehr Menschen sich der wiedergutmachenden Justiz (*Restorative Justice*) zuwenden. Diese Dynamik hat auch damit zu tun, dass es wichtig ist, jede Verletzung des Zustimmungsprinzips anzusprechen, nicht nur diejenigen, die unter die gesetzliche Definition von Körperverletzung oder Tätlichkeit fallen.

Wiedergutmachende-Justiz -Expertin
Sujatha Baliga
Das Rechtssystem belohnt das Sagen der Unwahrheit, weil diejenigen, die Schaden verursachen, wissen, dass sie bestraft werden, wenn sie zugeben, was wirklich passiert ist.
Mit ihren Wurzeln in indigenen Praktiken lädt die wiedergutmachende Justiz zur Wahrheitsfindung ein, indem sie strafende Ansätze durch kollektive Heilung und Lösungen ersetzt. Anstatt zu fragen, welches Gesetz gebrochen wurde, wer es gebrochen hat und wie die Person bestraft werden sollte, fragt die wiederherstellende Gerechtigkeit, wer geschädigt wurde, was die Person braucht, und wer verpflichtet ist, diese Bedürfnisse zu erfüllen.

Überlebende wollen üblicherweise, dass Verantwortung zugewiesen und übernommen wird: Dazu gehört, dass die Person, welche das Zustimmungsprinzip verletzt hat, zustimmt, die Wahrheit zu sagen, und versichert, dass sie versteht, was sie getan hat, und es nicht wieder tun wird. Da sexuelle Gewalt durch Scham und Verschleierung entsteht und fortbesteht, bezieht die wiedergutmachende Justiz die Familie, die Freund*innen und die Communitys aller Beteiligten in getrennten und gemeinsamen Sitzungen ein. Der Prozess endet mit vereinbarten Maßnahmen, um den Bedürfnissen der überlebenden Person gerecht zu werden, und mit kollektiver Unterstützung, um dies zu ermöglichen.

TRANSFORMATIVE GERECHTIGKEIT

Transformative Gerechtigkeit (*transformative justice*) zielt darauf ab, Überlebenden Antworten auf die Frage zu geben, warum sie zu Opfern wurden, die realen Auswirkungen anzuerkennen, Wiedergutmachung zu leisten, Traumata zu heilen, Frieden wiederherzustellen und Transformation zu ermöglichen. Häufig wird ein Team zur Unterstützung der Überlebenden eingesetzt, sowie eins, um mit der für die Grenzüberschreitung verantwortlichen Person zusammenzuarbeiten. Die transformative Justiz geht über wiedergutmachende Justiz hinaus, da sie versucht, sowohl breitere soziale Strukturen zu verändern, als auch die persönlichen Strukturen der Beteiligten.

Wir müssen Praktiken der Verantwortung gegenüber uns selbst entwickeln – uns selbst für unsere eigenen Werte verantwortlich machen –, um verantwortungsvolle Gemeinschaften zu kultivieren. Die Dämonisierung derer, die für die Gewalt verantwortlich sind, kann für die Überlebenden zur Entfremdung führen. Jede*r von uns muss die Fähigkeit verbessern, jemanden als vollwertigen Menschen zu sehen und den Schaden, den sie angerichtet haben, zu erkennen.
Aktivistin **Kiyomi Fujikawa** und Koautorin von »The Revolution Starts at Home«, **Shannon Perez-Darby**
Transformative Gerechtigkeit könnte eine bessere Gerechtigkeit sein, eine liebende Gerechtigkeit, eine Gerechtigkeit, die Gewalt nicht nur durch die Brille der Täter*innen und der Überlebenden betrachtet, sondern Schuld und Verantwortung der Gesellschaft mitberücksichtigt.
Sozialarbeiter*in und Autor*in von »I hope We Choose Love«, **Kai Cheng Thom**

KAPITEL 8: SEX DER ZUKUNFT

Wir haben gesehen, wie unser Verständnis von Sexualität, Lust und Zustimmung in eine breitere kapitalistische, kolonialistische Geschichte eingebettet ist, in der einige Körper und Handlungen als wertvoller und ›normaler‹ als andere behandelt werden. Dieses Verständnis verfolgt uns bis in die Gegenwart – es prägt unsere Wünsche, Anziehungen, Erfahrungen und Identitäten sowie unser Verständnis davon und unsere Gefühle dazu.

ABER WORAUF STEHST DU DENN JETZT WIRKLICH?
JEDE*R MUSS SEX HABEN
ES IST NICHT NORMAL, DARAUF ABZUFAHREN – IS DIR KLAR, ODER?
DAS ZÄHLT NICHT WIRKLICH ALS NICHT-ZUSTIMMUNG. VIELLEICHT HAST DU ES IRGENDWIE HERAUSGEFORDERT.
Assistenz hund

Wir leben im Zeitalter des globalen Sex. Überall auf der Welt sind dieselben sexuellen Bilder online verfügbar, und 40 % des gesamten Internetverkehrs ist sexbezogen.

Historikerin und Autorin von »The Pleasure's All Mine«, ***Julie Peakman***

Bitte vorspulen in die Zeit, in der niemand mehr ›me too‹ sagen muss.

Oprah Winfrey *bei der Golden Globe Preisverleihung*

In diesem Kapitel werden wir über die Zukunft der Sexualität nachdenken. Wie äußern sich unsere gegenwärtigen Ängste, z. B. in Bezug auf den Schutz von Kindern? Wie hängt Sex mit der Klimakrise zusammen? Wie könnten neue Technologien zukünftige sexuelle Möglichkeiten eröffnen und/oder einschränken?

CHRONONORMATIVITÄT UND GRAUSAMER OPTIMISMUS

Chrononormativität ist die Nutzung der Zeit, um den menschlichen Körper auf maximale Produktivität auszurichten.

Queer-Theoretikerin und Autorin von »Time Binds«, **Elizabeth Freeman**

Uns erreicht ständig die kulturelle Botschaft, dass wir im Laufe unseres Lebens bestimmte sexuelle Stationen erreichen und Phasen durchlaufen sollten:

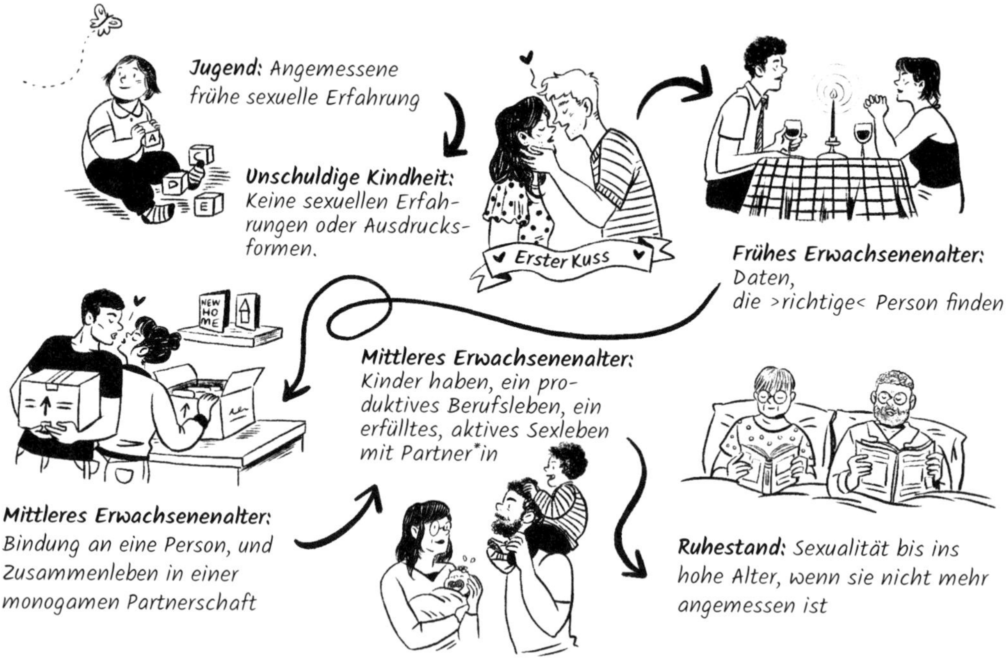

Jugend: Angemessene frühe sexuelle Erfahrung
Unschuldige Kindheit: Keine sexuellen Erfahrungen oder Ausdrucksformen.
Erster Kuss
Frühes Erwachsenenalter: Daten, die ›richtige‹ Person finden
NEW HOME
Mittleres Erwachsenenalter: Kinder haben, ein produktives Berufsleben, ein erfülltes, aktives Sexleben mit Partner*in
Mittleres Erwachsenenalter: Bindung an eine Person, und Zusammenleben in einer monogamen Partnerschaft
Ruhestand: Sexualität bis ins hohe Alter, wenn sie nicht mehr angemessen ist

Nur sehr wenige von uns bestehen alle diese Kontrollpunkte. Auf diese Weise werden wir alle irgendwann vom Leben irgendwie ›queer‹ gemacht: als nicht-normalisiert dargestellt. Anstatt uns nach innen zu wenden, anstatt Scheitern und Scham zu fühlen, könnten wir uns nach außen wenden und diese Botschaften in Frage stellen, indem wir erkennen, dass wir alle das queere Scheitern an der Chrononormativität gemeinsam haben. So vieles von dem, was wir sexuell anstreben sollen – um Freude, Emanzipation und Glück bis ans Ende unserer Tage zu haben – steht unserem Erreichen dieser Dinge in Wirklichkeit im Weg.

Ich habe versucht, die ›**richtige**‹ Person für mich zu finden, aber bin einfach immer wieder gescheitert.
Jetzt wünsche ich mir, ich hätte etwas anderes mit meinem Leben gemacht.

Grausamer Optimismus ist dann gegeben, wenn etwas, das man sich wünscht, in Wirklichkeit die eigene Lebensgrundlage untergräbt.

Kulturtheoretikerin und Autorin von »Cruel Optimism«, **Lauren Berlant**

SEXUALISIERUNG

Die größte gesellschaftliche Aufregung in Bezug auf die Zukunft des Sex ist derzeit vielleicht die Debatte über die Sexualisierung der Medien und der Kultur im Allgemeinen.

Sexualwissenschaftlerinnen und Autorinnen von »The Sexuality Report«, ***Feona Attwood & Clarissa Smith***

Die hypersexualisierte Kultur schadet uns. Jungs schauen Hardcore-Pornos im Internet. Mädchen werden noch während ihrer Kindheit frühsexualisiert. Sexsucht! Teenager-Schwangerschaften! Sexuelle Gewalt! Essstörungen! Geschlechtskrankheiten!
Ann Summers
COUTURE
COSMOPOLITAN
POLE DANCING KURSE
Wir haben die Geschlechtergerechtigkeit und sexuelle Befreiung erkämpft. Wir können sein, was wir sein wollen. Spaß! Freie Wahl! Empowerment!!

Ein entweder-oder-Framing ist in diesem Zusammenhang nicht hilfreich, da es sich hier vor allem um eine weitere Form der in Kapitel 6 untersuchten Agency-Debatte handelt. Stattdessen könnten wir fragen, wie unterschiedliche mediale Darstellungen die subjektive Handlungsfähigkeit erweitern oder einschränken.

Die traditionell polarisierte Debatte ist nicht in der Lage, die verschiedenen Dinge auseinander zu halten, die der Begriff ›Sexualisierung‹ zu meinen scheint:
· sexuelle Anzüglichkeit
· sexuelles Objektivieren von Frauen
· Ermutigung von Kindern, sich erwachsen/sexuell zu verhalten
· Verherrlichung ›abweichenden‹ Verhaltens

Wir müssen erforschen, wie verschiedene Gruppen zu jedem dieser vier Aspekte der Sexualisierung in Beziehung stehen und von ihnen beeinflusst werden.

Der Sozialwissenschaftler und Autor von »Purity and Danger Now«, ***Robbie Duschinsky***

PORNO PANIK

Porno wurde ein zentrales Thema der Auseinandersetzung mit der sogenannten ›Sexualisierung‹. Pornografie wird rechtlich als Material definiert, das »ausschließlich oder hauptsächlich zum Zweck der sexuellen Erregung hergestellt wird«. Diese Definition ist natürlich unzureichend, und wir können erkennen, wie zum Beispiel ›Folterporno‹-Filme wie *Saw* und *Hostel*, oder Erotika wie *Fifty Shades of Grey* diese Kategoriengrenzen überschreiten, oder wenn Pornoclips im Internet eher zum Zweck der Abschreckung und der Belustigung als der Erregung verbreitet werden, wie z. B. *2 Girls 1 Cup*.

Pornhub
COSMOPOLITAN
Feminist Porn Sites
Changing Our Perceptions

In einem anderen Kontext als dem, in dem es ursprünglich hergestellt wurde, kann etwas, das nicht als Porno gedacht war, zu einem solchen werden, und das Etwas, das ein Porno war, kann aufhören, Porno zu sein.

Anwalt für Sexualstrafrecht, **Myles Jackman**

Casino Royale Folterszene

Unklar ist, wie stark Pornos uns beeinflussen. Es hängt davon ab, über welche Art von Porno wir reden, und wie Menschen damit umgehen. Im Allgemeinen steht Zugang zu Pornos in keinem Zusammenhang mit sexueller Gewalt. Der unkritische Konsum von Pornos aber, die Sex als etwas normalisieren, bei dem sich Männer durch Dominanz oder Gewalt Vergnügen verschaffen, steht im Zusammenhang mit sexistischen Einstellungen und dem Glauben an Vergewaltigungsmythen.

The Society for the Scientific Study of Sexuality

JENSEITS DER PORNOGRAFIE

Die Porno-Debatte konzentriert sich auf Pornos als Ursache für sexuelle Gewalt – und schlägt als Lösung Zensur vor. Dies verschiebt unsere Aufmerksamkeit weg von der Art und Weise, wie Mainstream-Medienprodukte wie romantische Komödien, Zeitschriften, Zeitungen und Sexualratgeber Vergewaltigungsmythen aufrechterhalten und Nicht-Zustimmung normalisieren.

Mädchen lieben es, das gefesselte, hilflose Opfer zu sein
Strand-schön-heiten!!!
TOPLESS CANDIDS
Babes,
JOKES
ALL THE BANTS
Die Möglichkeit des Mordes bringt einen gewissen Kitzel ins Schlafzimmer.
Wenn sie Dich nicht ranlässt, denk einfach an diese Statistik: 85% aller Vergewaltigungen bleiben unangezeigt.
Frauen denken nicht nach. Sie wollen Sex haben, bis ihre Genitalien vollständig stimuliert sind.
Wenn Dir Dein Partner wichtig ist, sollte die Frage nicht lauten, ob Du ihn oral befriedigen willst, sondern wie oft!
Wie man ihn im Bett glücklich macht
ein Sex-Ratgeber für Frauen
BEST SELLER!
* Alles Zitate aus echten Zeitschriften und Sexratgebern

Die Schuld auf Pornos zu schieben lenkt auch von der Rolle kultureller Vorurteile und struktureller Ungleichheit bei Verbrechen und im Strafrechtssystem ab. Wir wissen zum Beispiel, dass Vergewaltigungsmythen und systemischer Rassismus großen Einfluss auf Gerichtsentscheidungen haben.

Nina Burrowes

Wir könnten darüber nachdenken, wie wir ein vielfältigeres Angebot an sexuellen Medien zur Verfügung stellen und den Menschen beibringen, sich kritisch mit allen Medien, zu denen sie Zugang haben, auseinandersetzen können, anstatt bei jeder neuen Welle von Medien und Technologien in Panik zu geraten.

JUNGE MENSCHEN UND SEX

Kinder sind einer der Hauptschwerpunkte der ›Sexualisierungspanik‹. Widersprüchliche kulturelle Botschaften rund um Sex und Kindheit machen dies zu einem schwierigen Terrain: So wird die Jugend in der allgemeinen Kultur hochgradig erotisiert. Sich zu Kindern und Jugendlichen hingezogen fühlen ist jedoch erheblich stigmatisiert, was es denjenigen, die ein solches Verlangen verspüren, schwermacht, einvernehmlich damit umzugehen.

Die Jungs werden ihr bald die Tür einrennen, ha! ha!
Anti-Ageing!
Lads! Die ›endlich volljährig‹ Ausgabe!
Sexuelle Ausbeutung im Internet nimmt zu

Kinder und Jugendliche erleben sexuelle Gefühle, oft schon in jungen Jahren und besonders während der Pubertät. Von ihnen wird jedoch erwartet, unschuldig und asexuell zu sein, und sie werden beschämt und bestraft, wenn sie es nicht sind – insbesondere, wenn sie queer, arm und/oder People of Color sind.

Genderforscherin und Autorin von »Becoming Sexual«,
R. Danielle Egan

Die Ängste rund um Sex und junge Menschen konzentrieren sich auf übergriffige Fremde on- und offline, dabei geht die weitaus größte Gefahr von der betroffenen Person bekannten Menschen aus, in der Schule und zu Hause. Es gibt kaum Informationen, die Kindern helfen, sexuelles Verhalten von Gleichaltrigen und/oder Erwachsenen in ihrem Leben zu erkennen und darüber zu sprechen. Die Konzentration auf Sex als Hauptgefahr für junge Menschen bedeutet auch, dass die traumatisierenden Auswirkungen anderer Formen von Mobbing und Missbrauch häufig heruntergespielt, geleugnet oder als normaler Teil der Kindheit dargestellt werden.

KINDERSORGEN

*In unserer Kindheit lernen wir die Botschaften über Beziehungen, Körper und Gefühle, die oft unser ganzes Leben prägen, aber Eltern, Lehrer*innen und Ärzt*innen haben oft große Bedenken, mit jungen Menschen offen über Sex zu sprechen, sodass nur wenige auch nur annähernd die nötige Aufklärung erhalten.*

Medienwissenschaftlerin
Anne-Frances Watson

Es ist bezeichnend, dass sich die Besorgnis über die Sexualisierung auf Darstellungen konzentriert, die die Menschen von der ›Normalität‹ wegführen, und nicht auf solche, die sie zu ihr hinführen. Die Ängste konzentrieren sich auf die Sexualisierung von Spielzeug und Kleidung (die Kinder vom Ideal der Unschuld abbringen) und auf die Aufklärung junger Menschen über sexuelle Vielfalt (die ihnen die Möglichkeit eines nicht-heteronormativen Lebens eröffnet). Die alltägliche sexuelle Belästigung und das queerfeindliche Mobbing, die allzu oft Bestandteil einer Kindheit sind, erzeugen weit weniger Aufregung.

Jungen Menschen wird selten etwas über Lust und Begehren beigebracht, weil man befürchtet, dass dies die Wahrscheinlichkeit von sexuell übertragbaren Krankheiten (SüK) oder Teenage-Schwangerschaften erhöhen würde. Oft wird ihnen explizit oder implizit beigebracht, dass Abstinenz das Ideal ist. Es liegen keine Beweise vor, dass faktenbasierte Sexualerziehung die Wahrscheinlichkeit erhöht, dass Kinder sich auf Sex einlassen, vielmehr erhöht Aufklärung über Vielfalt, Lust und Zustimmung erhöht die Wahrscheinlichkeit, dass sie sich beim Sex schützen, und offen mit ihren Partner*innen über ihren Sex kommunizieren.

Es ist nicht angemessen für Eure Altersgruppe, soviel über Sex zu lernen.
Biologie
QUIZ TOMO.
Fortpflanzungsorgane

HA HA HA HA
Du bist voll schwul, ey.

KINDER ONLINE

Wenn wir kindliche Sexualität nicht nur in Bezug auf Gefahren, sondern als potenzielle Quelle von Freude betrachten, erkennen wir, welche technischen Möglichkeiten durch Sexting, Online-Pornos oder Selfies eröffnet – aber auch unmöglich gemacht – werden können.

Der Medienwissenschaftler Alan McKee fand heraus, dass Pornos einen Beitrag zu einer gesunden sexuellen Entwicklung leisten können, indem sie jungen Menschen helfen, zu lernen, was ihnen Spaß macht, mit ihren Partner*innen zu kommunizieren und zu verstehen, dass Sex lustvoll sein sollte und nicht zwanghaft.

Wir stellten fest, dass Sexting häufig unter Zwang stattfindet, wobei Mädchen besonders von Gleichaltrigen dazu gedrängt werden.

Feministische Soziologin **Laura Harvey**

Wenn es aber einvernehmlich erfolgt, kann es die Wahrscheinlichkeit sexueller Zufriedenheit und von Safer Sex erhöhen. Es kann bedeuten, dass junge Menschen sich auf sexuelle Praktiken einlassen, bevor sie ihren Körper einbeziehen, was ihnen hilft, ihre Bedürfnisse kennenzulernen und zu artikulieren.

Sexualforscherin und Moderatorin von »Sex Ed School«, **Eva Bloom**

Das bringt mich auf ne Menge Ideen
Ich weiß nicht, wie ich das sicher erleben kann
Erotika

Aber Pornos fördern wiederum nicht die Fähigkeiten, die für sicheren, einvernehmlichen Sex notwendig sind, daher ist Sexualerziehung erforderlich, um diese Lücken zu schließen.

Wir müssen junge Menschen dazu bringen, sich kritisch mit allen Arten von Medien auseinanderzusetzen, damit sie Sexualität und sexuelles Begehren außerhalb der Grenzen eurozentrischer Schönheitsnormen und der Heteronormativität erforschen können.

Sexualpädagogin und Autorin von »Behind Closed Doors«, **Natalie Fienes**

KINDER SIND DIE ZUKUNFT

Das derzeitige System macht es sehr schwierig, Kindern das Thema Konsens nahezubringen, wenn sie während der gesamten Kindheit nicht-einvernehmlich behandelt, als Eigentum von Erwachsenen betrachtet werden, und ihnen die Handlungsfähigkeit abgesprochen wird.

Justin Hancock

Kindern das Wissen über Sexualität vorzuenthalten hat Auswirkungen auf ihre Gesundheit, ihr Wohlbefinden, ihre Handlungsfähigkeit und ihre Entwicklung.

Soziologin und Autorin von »Innocence, Knowledge, and the Construction of Childhood«, **Kerry Robinson**

Kinder sind zu jung, um zu wissen, was sie wollen ...
oder brauchen.

Bei der Sexualberatung und -erziehung für Kinder steht der Schutz vor Gefahren im Vordergrund, während es bei Erwachsenen vor allem um Lust geht, wobei Zustimmung oder mögliche Risiken kaum erwähnt werden. Beides ist problematisch und birgt die Gefahr der Ausbeutung und des Missbrauchs.

Ich muss immer wieder Sachen essen, die ich hasse.
Meine Großeltern küssen mich, wenn ich es nicht will, aber als jemand aus meiner Klasse und ich uns küssten, gab's nen riesigen Aufstand.

Die Frage nach der Handlungsfähigkeit und den Rechten von Kindern ist dank der »Schulstreiks fürs Klima« und der Umweltaktivistin Greta Thunberg, die die Frage der Generationengerechtigkeit aufgeworfen hat, stärker in den Mittelpunkt gerückt.

Die Augen aller künftigen Generationen sind auf Sie gerichtet. Sollten Sie sich entscheiden, uns hängenzulassen, werden wir Ihnen niemals verzeihen.

Greta Thunberg

SEXÖKOLOGIE UND ÖKOSEXUALITÄT

Ökosexualität erweitert unsere Möglichkeiten Lust zu verspüren. Sie beinhaltet die Vorstellung einer Mutter Erde, in der die Erde Dich tröstet, Dein*e Liebhaber*in ist – sich auf einer Ebene mit Dir befindet – was Dir die Verantwortung aufträgt, Deine Rolle in der Beziehung wahrzunehmen.

Beth Stephens *und* **Annie Sprinkle**

Die Künstlerin Beth Stephens und die feministische Sexualpädagogin Annie Sprinkle, Autorinnen von *Assuming the Ecosexual Position*, haben unser Verständnis für die Begriffe ›Sexökologie‹ und ›Ökosexualität‹ entwickelt, und beschreiben so Formen von Sexualität, die eine Verbindung zwischen Umwelt, Aktivismus und Sex herstellen.

Wir haben gesehen, wie unsere kapitalistischen, kolonialistischen Systeme bestimmte Existenzen und Körper über andere stellen – und wie dies sich auf nicht-einvernehmlichen Sex auswirkt. Dies steht im Zusammenhang mit der Art, wie der Mensch anderen Arten sowie dem Planeten überlegen konstruiert wurde. Die Erforschung unserer Sexualität im Verhältnis mit der Natur bietet das Potenzial für ein besseres Verständnis unserer gegenseitigen Abhängigkeit, das uns nicht nur erotisch, sondern auch politisch und spirituell weiterbringen kann.

> Wir umarmen schamlos Bäume, massieren die Erde mit unseren Füßen, reden erotisch mit Pflanzen. Wir sind Nacktbader*innen, Sonnenanbeter*innen und Sternengucker*innen. Wir streicheln Felsen, lassen uns von Wasserfällen befriedigen, und bewundern die Rundungen der Erde. Wir machen Liebe mit der Erde durch unsere Sinne. Wir feiern unsere E-Spots. Wir sind sehr schmutzig.
>
> THE ECOSEXUAL MANIFESTO

›LUSTAKTIVISMUS‹

Sex und Technologien, die sexuelle Erfahrungen ermöglichen, können dazu dienen, uns von uns selbst, anderen und der Welt zu distanzieren, oder uns zu verbinden, eine Tatsache, die im Laufe der Jahre von vielen Filmen thematisiert wurde.

Frankensteins Braut

Barbarella

Ich lebe in einem hocherregten Zustand der Überstimulation.

Videodrome

In *Emergent Strategy* schreibt Lustaktivistin Adrienne Maree Brown darüber, wie wir unsere Wünsche nutzen können, um uns gegen Unterdrückung zu organisieren.

Afroamerikaner*innen wurde gesagt: ›Du bist nur 3/5 einer Person‹. Wenn man sich nicht als vollwertiger Mensch fühlt, wie kann man dann glauben, dass man Zugang hat? Wie sollen indigene Menschen, die mit den Folgen eines Genozids leben, Freude finden? Es geht darum, unser Geburtsrecht zurückzufordern.

Adrienne Maree Brown

Wir brauchen eine globale, radikale, offensive Selbstliebe, die zu radikaler menschlicher Liebe und Aktion im Dienste einer gerechteren, ausgewogeneren und mitfühlenderen Welt führt.

*Autor*in und Gründer*in der »The Body is Not an Apology« Bewegung,* ***Sonya Renee Taylor***

Unsere Sexualität vollständig zu erleben, und zu verstehen, wie Aspekte davon marginalisiert oder pathologisiert werden, können uns einen Zugang zur Kritik jeglicher Unterdrückung schaffen, und uns motivieren, uns politisch zu engagieren.

Freude durch erotische Erfahrungen kann uns zeigen, was möglich ist, wenn wir frei sind und einvernehmlich behandelt werden, und dies in allen Aspekten unseres Lebens zu fordern. Selbstlust und Lust mit anderen können es uns ermöglichen, die zermürbende Arbeit der Bekämpfung von Unterdrückung und Klimakrise zu leisten.

(SEX) HABEN ODER SEIN

Haben bedeutet, zu versuchen, Dinge für sich selbst zu bekommen, während Sein bedeutet, präsent zu sein für das, was ist.

Wie kommen wir zu einer Zukunft, in der erotische Begegnungen ein besseres Leben für alle ermöglichen? Wir könnte wir unseren Zugang zu Sex verändern: Weg vom ›Haben‹, hin zum ›Sein‹ – und zu allem anderen.

Philosoph Erich Fromm

Das erinnert mich an meine Vorstellung von Liebe als etwas, das wir mit anderen Menschen tun, wenn wir uns selbst und sie als gleichermaßen wertvoll und uns alle als miteinander verbunden betrachten.

Feministin und Autorin von »All About Love«, ***bell hooks***

Der Kapitalismus ist ständig im ›Haben‹-Modus, und verspricht allen individuell unbegrenztes Glück, materiellen Überfluss und die Beherrschung der Natur, wenn sie die Regeln der Normalität befolgen. In der Sexualität führt dies zu einem zielorientierten Ansatz, bei dem wir versuchen, das zu bekommen, was wir wollen, oder glauben, dass wir es wollen sollten. Im weiteren Sinne führt dies dazu, dass die Menschen ihre eigene Handlungsfähigkeit und Willen über die ihrer Partner*innen und anderer stellen, einschließlich die von Kindern, und des Planeten.

Wir müssen uns – individuell und kulturell – auf den ›Sein‹-Modus zubewegen: Wir müssen erkennen, dass keine Körper oder Handlungen von Natur aus wertvoller oder ›normaler‹ sind als andere; dass es um Gegenseitigkeit geht und nicht darum, etwas von jemandem zu bekommen; darum, präsent zu sein, anstatt ein Ziel zu erreichen.

KAPITEL 9: SEX NEU DENKEN

Wir haben also immer wieder gesehen, wie das derzeitige westliche Verständnis von Sex und Sexualität erotische Erfahrungen einschränkt, Menschen stigmatisiert, sowie diskriminierende und nicht einvernehmliche Praktiken legitimiert.

Diese Auffassungen wurden durch historische und generationenübergreifende Traumata, Kolonialismus und Globalisierung weitergegeben. Sie sind untrennbar mit weißer Vorherrschaft, patriarchaler Unterdrückung, Kapitalismus, Ableismus und anderen Formen der Marginalisierung verbunden, bei denen bestimmte Leben, Körper und Beziehungen viel höher bewertet werden als andere. Wir müssen also:

Die Voraussetzungen für einvernehmlichen Sex und einvernehmliche Beziehungen schaffen.
Sex als persönliche/politische Praxis betrachten
Kulturen der Zustimmung kultivieren
Sexuelle Vielfalt anerkennen
Für ein lebenswertes Leben!
Innere und äußere Unterdrückung bekämpfen
Alles, was wir über Sex wissen, verloren
Unsere erotische Vorstellungskraft erweitern
Unsere sexuelle Handlungsfähigkeit erschließen
Du musst eine monogame Partnerschaft für Sex finden, und diese muss sexuell bleiben.
Sexualität wird durch ein binäres Geschlecht der Anziehung definiert ...
Wenn Du keinen P.I.V. willst, bist Du abnormal.
Du musst Sex haben!
Wenn Du keinen P.I.V. haben kannst, bist Du dysfunktional
Du musst ein kleinkariertes Ideal sexueller Attraktivität anstreben
...und macht dich zu einer bestimmten Art Mensch
Hossa!
SEXUALITY

ALLES VERLERNEN, WAS WIR ÜBER SEX WISSEN

Was müssen wir in Bezug auf Sex verlernen, und was könnten wir an die freie Stelle setzen? Kehren wir zu zwei wichtigen Denkerinnen zurück, die dieses Buch geprägt haben: Gayle Rubin und Audre Lorde.

Wir haben gelernt, dass kulturelle Dichotomien festlegen, was als ›guter‹/›normaler‹ und ›schlechter‹/›abnormaler‹ Sex gilt. Wir müssen hin zu einer Anerkennung substantieller sexueller Vielfalt, und uns auf Lust und Konsens konzentrieren.
Gayle Rubin

Wir haben gelernt, unsere erotische Vorstellungskraft auf bestimmte Formen von Sex zu beschränken. Wir müssen uns auf das volle Potenzial der Erotik einstimmen, um innere und äußere Unterdrückung in Frage zu stellen, um persönliche und politische Transformation zu erleben, und wir brauchen Gemeinschaften, in denen wir dies tun können.
Audre Lorde

Beide Autorinnen betonen das Lernen von den Rändern. Was wäre wenn wir, anstatt zu versuchen, randständige Sexualitäten zu klassifizieren und zu erklären, wie es die Sexualwissenschaft zu tun pflegt, gesellschaftliche Ränder als den Bereich anerkennen würden, in dem das innovativste, kritischste und kreativste Denken über Sexualität stattfindet? Anstatt die marginalisierten Teile unserer Sexualität als etwas zu betrachten, das es zu verstecken gilt, könnten wir sie als etwas annehmen, das es zu feiern und zu kultivieren gilt, indem wir die Art und Weise anerkennen, in der wir alle marginalisiert sind und vom Leben ausgegrenzt und verdrängt werden (siehe S. 116 und 157).

LEBENSWERTE LEBEN GEWÄHRLEISTEN

Philosoph*in Judith Butler weist darauf hin, dass die geltenden kulturellen Normen marginalisierte Menschen oft daran hindern, ein ›lebenswertes Leben‹ zu führen. Das führte oft zu Versuchen, ein lebenswerteres Leben zu gewährleisten, indem sich um Akzeptanz innerhalb der Normativität bemüht wurde. Das erhält jedoch das schädliche normative System. Wie können wir uns eine bessere Zukunft für uns selbst vorstellen, ohne bornierte sexuelle Normen aufrechtzuerhalten?

Man kann dem Mainstream nur unter der Bedingung beitreten, dass man mit all jenen bricht, die es nicht schaffen – den Nicht-Weißen und den Nicht-Monogamen, den Armen und den Gender-Diversen, den Dicken, den Behinderten, den Arbeitslosen, den Infizierten. Der Verlockung der Normalisierung zu widerstehen bedeutet, sich zu weigern, die am meisten gefährdeten abzuschreiben, die am wenigsten vorzeigbaren, und all die Toten.
Genderforscherin und Autorin von »Feeling Backward«, Heather Love

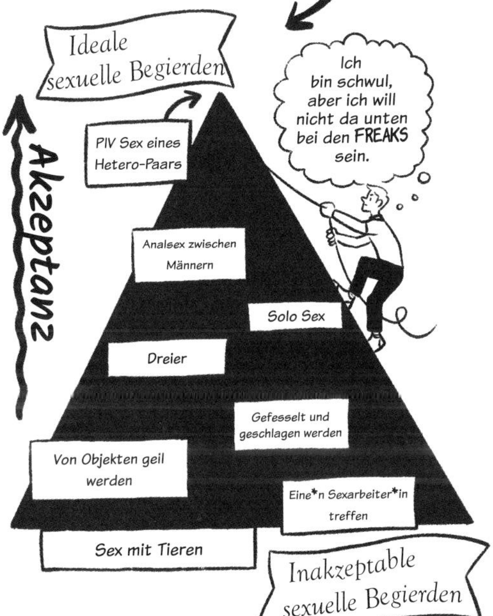
Ideale sexuelle Begierden
Akzeptanz
Ich bin schwul, aber ich will nicht da unten bei den FREAKS sein.
PIV Sex eines Hetero-Paars
Analsex zwischen Männern
Solo Sex
Dreier
Gefesselt und geschlagen werden
Von Objekten geil werden
Eine*n Sexarbeiter*in treffen
Sex mit Tieren
Inakzeptable sexuelle Begierden

Zu einem lebenswerten Leben gehört auch die Auseinandersetzung mit der Scham, die damit einhergeht, von sexuellen Normen abzuweichen – was wiederum hohen Selbstmordraten und viel persönlichem Leid einhergeht. **Affektiver Aktivismus** kann das Teilen sexueller Geschichten als Gegenmittel zur Scham beinhalten, sowie die Kultivierung von Praktiken, die Selbstfürsorge und Überleben auf individueller und kollektiver Ebene ermöglichen.

Affektiver Aktivismus bietet eine Möglichkeit, Sexualität zu verstehen und zu verändern, indem man in der Gemeinschaft Kreativität im Zusammenhang mit alltäglichen Erfahrungen teilt.
Katherine Johnson und Antar Martínez-Guzmán

INNERE UND ÄUSSERE UNTERDRÜCKUNG IN FRAGE STELLEN

Das Verlernen der Verständnisse von Sex, die uns allen schaden, erfordert ein umfassenderes Projekt der permanenten Queerung und Dekolonisierung von Geist und Körper, sowie der Demontage der kapitalistischen und patriarchalischen Systeme, die diese Verständnisse aufrechterhalten. Wie können wir bei einem so großen Vorhaben mit der Trauer, Scham und Angst umgehen, die unvermeidlich aus unseren eigenen Unterdrückungserfahrungen entstehen? Wie können wir uns mit Bereichen auseinandersetzen, in denen wir in die Unterdrückung anderer verwickelt sind, ohne defensiv zu werden, oder unter der Vorstellung zusammenzubrechen, dass wir selbst die Monster sind.

Die Befreiungspädagogik bietet verkörperte und relationale Praktiken an, um Unterdrückung an ihren Wurzeln in unseren Herzen und Herzen in Frage zu stellen.
Teaching to Transgress
bell hooks
Pädagogik der Unterdrückten
PAULO FREIRE
Professorin für Gender- und Women's Studies, **Beth Berila**

Ich bin in einer Gruppe, in der wir unsere Erfahrungen austauschen und gemeinsam an den Bereichen arbeiten, mit denen wir Probleme haben.
Ich habe gelernt, wie Traumata im Körper wirken, sodass ich merke, wenn ich in einem Gespräch in die Defensive gerate, und mich dann kurz herausnehmen kann.
Ich arbeite an meinem Selbstmitgefühl, damit ich nicht so oft in Scham verfalle.
Supporthund
Ich lerne, mit unbequemen Gefühlen umzugehen und anderen wirklich zuzuhören, wenn sie über die Auswirkungen systemischer Privilegien auf sich selbst sprechen.

UNSERE SEXUELLE HANDLUNGSFÄHIGKEIT ERSCHLIESSEN

Unsere Freiheit wird durch die uns verfügbaren kulturellen Codes und allgemeinen gesellschaftliche Strukturen eingeschränkt. Wie können wir uns unsere sexuelle Handlungsfähigkeit erschließen?

Die miteinander verwobene Entwicklung von Identitäten, Gefühlen, und den Worten, die diese beschreiben, liefern Drehbücher für das, was wir sein können.
Autorin von »Trans Britain«, Christine Burns
Ace-Begriffe wie ›Squish‹ und ›queerplatonisch‹ helfen mir, mich selbst zu verstehen.
QTIPoC-Burlesque war für mich politisch und persönlich transformativ.
Weiße Vorherrschaft ist darauf ausgerichtet, uns zu entfremden, zu kontrollieren und zu zerstören. Die Wiedergewinnung unserer Schwarzen Körper und Sexualität steht in direktem Gegensatz zu diesem System und ist ein Akt des Widerstands.
Afrosexologie
Queere Räume und Praktiken können die Gesellschaft zum Besseren verändern, indem sie Genderstereotypen, Körpernormativität und sexuelle Skripte durchbrechen und neue Wege eröffnen, Körper, Lust und Macht zu erfahren.
Autor*in von »Queer Sex«, Juno Roche
Meine Selbstbefriedigungsgruppe hat mir gezeigt, was meine Sexualität jenseits der Erwartungen von Partner*innen sein kann.

Neue Systeme können jedoch sowohl Handlungsspielräume einschränken als auch eröffnen, und erfordern eine kritische Auseinandersetzung mit alternativen Normen und neuen Hierarchien innerhalb unserer Communitys.

SEXUELLE VIELFALT FEIERN

Wenn eine der größten Einschränkungen im Zusammenhang mit der Sexualität die Unterscheidung zwischen ›normal‹ und ›unnormal‹ ist, wie sieht es dann aus, wenn wir substantielle sexuelle Vielfalt feiern?

Ich bin nicht normal.
Das ist niemand. Erzähl mir doch, worauf *Du* stehst.
Wenn der Körper und die Erfahrungen der Menschen unterschiedlich sind und sich im Laufe des Lebens verändern, wird auch der Sex jedes Mal anders sein. Ich kann bei Partner*in A nicht auf die gleichen Techniken oder Annahmen wie bei Partner*in B zurückgreifen, und das gilt sogar bei verschiedenen Begegnungen mit derselben Person.
Manche Dinge, die ich erotisch finde, genieße ich allein, manche teile ich mit anderen. All diese Dinge ›zählen‹ als Sex. Ich achte darauf, dass sie immer einvernehmlich stattfinden.
Früher dachte ich, Sex geschieht in der Missionarsstellung, mit einer Frau, und beide müssen kommen. Jetzt bin ich zur Erfahrung offen, die ich gerade erlebe – egal, mit wem ich sie erlebe, und welche Rollen wir einnehmen.
Ich bin nicht daran interessiert, oft Sex zu haben, wenn ich überhaupt welchen habe.
Das ist völlig in Ordnung, sexuelle Anziehung ist ein Spektrum, nicht wahr? Unsere Beziehung ist nicht davon abhängig, dass wir Sex miteinander haben.

DIE VORAUSSETZUNGEN FÜR EINVERNEHMLICHEN SEX UND EINVERNEHMLICHE BEZIEHUNGEN SCHAFFEN

Welche Bedingungen machen einen Konsens wahrscheinlicher?

Das Ziel ist der informierte Konsens

Ich würde gerne herausfinden, welche Art von Körperkontakt sich zwischen uns gut anfühlen könnte. Aber das Ziel muss sein, dass wir beide damit einverstanden sind, egal, ob es tatsächlich zu Berührungen kommt oder nicht.
Ich liebe es zu kuscheln, solange ich weiß: Die andere Person will nicht, dass es sexuell wird. Wäre das was für dich? Was würde das für dich bedeuten?

Andauernder und Beziehungskonsens

Ich werde immer wieder checken, wie es dir geht, Baby.
Ich versuche dir Bescheid zu geben. Falls ich ganz ruhig werde, kannst du mir helfen und pausieren und was zu trinken und etwas Süßes holen, bevor wir weitermachen.

Machtbewusstsein und Verantwortung

Ich würde mich gerne mit Dir treffen. Aber können wir uns vorher über eventuelle Machtgefälle zwischen uns unterhalten, um sicherzugehen, dass es uns nicht schwerer fällt, ehrlich zu sagen, wie es uns geht?
Für mich ist es wichtig zu wissen, dass wir benennen können, wenn es sich für eine*n von uns beiden zu irgendeinem Zeitpunkt nicht vollkommen einvernehmlich anfühlt. Die andere Person würde uns zuhören und uns helfen, damit umzugehen, anstatt abweisend oder defensiv zu sein.

KONSENS-KULTUREN KULTIVIEREN

Wie können wir angesichts der nicht-einvernehmlichen Kultur, in der wir leben, Mikrokulturen des Konsens kultivieren? Wir müssen:

- Uns gegenseitig dabei unterstützen zu lernen, wie sich unser Körper anfühlt, wenn wir mit uns selbst im Einvernehmen sind, und wenn wir gegen ihn agieren, damit wir uns auf unsere Bedürfnisse und Grenzen einstellen können.
- Selbstfürsorge und Konsens mit Freund*innen/Kolleg*innen praktizieren.
- Offen über weniger gewichtige Momente sprechen, in denen wir nicht einvernehmlich gehandelt haben, und zu unserer Verantwortung dafür stehen.
- Unterstützungsgruppen für solche Fälle bilden, in denen nicht-einvernehmlich gehandelt wird.

Habt Ihr alle noch Lust auf unseren Samstags-spaziergang?
Ich nicht wirklich.
Stark von Dir, das zu sagen. Hast Du sonst noch Lust auf irgendwas, oder sollen wir es verschieben?
Krass, mir wird jetzt erst klar, wie sehr ich Menschen früher unter Druck gesetzt habe, das zu tun, was ich wollte. So ist's viel besser. Es tut mir so leid, dass ich mich so verhalten habe.

Die Grenzen zwischen Sex und Spiel, Freizeit, Kunst und Spiritualität können gelegentlich diffus sein. Das macht Menschen nervös, weil die Gefahr der Ausbeutung, der Belästigung und des Missbrauchs besteht, wenn nicht sexuelle Situationen ins Sexuelle abgleiten. Anstatt zwischen Sex und Nicht-Sex zu unterscheiden, könnten wir uns in allen Situationen auf die Unterscheidung zwischen Zustimmung und Nicht-Zustimmung konzentrieren. Einvernehmlicher Sex ist schwierig – wenn nicht gar unmöglich –, wenn der Rest unseres Lebens nicht einvernehmlich ist, und der Rest unseres Lebens sollte auch einvernehmlich sein.

UNSERE EROTISCHE VORSTELLUNGSKRAFT ERWEITERN

Wenn wir substantielle sexuelle Vielfalt anerkennen, und Zustimmung praktizieren, können wir unsere erotische Vorstellungskraft auf alles ausdehnen, was wir allein und/ oder mit anderen auf fördernde und/oder erotische Weise als angenehm empfinden könnten.

Wir könnten versuchen, uns an Momente zu erinnern, als sexuelle oder sinnliche Aktivität uns ein lebendiges Gefühl gab, und an solche, in denen dies nicht der Fall war (Kapitel 3). Was zeichnete diese Momente aus?

Wir könnten Ja/Nein/Vielleicht-Listen erstellen (S. 76), erkunden, was verschiedene Praktiken für uns bedeuten (S. 73), uns auf unsere sexuellen Fantasien einstimmen (S. 130) und verschiedene Beziehungsformen erkunden (Kapitel 5). Dies kann uns helfen, einander unsere Wünsche zu kommunizieren, Überschneidungen zu finden und Grenzen zu respektieren.

Wenn wir wirklich verstehen, dass Solo-Sex und Fantasien legitim sind und dass alle Formen erotischer Aktivitäten und Beziehungen gleichwertig sind, kann es leichter sein, im Einvernehmen zu bleiben, manche Aktivitäten oder Wünsche allein zu genießen und Wege zu finden, Fantasien im Rollenspiel auszuleben, die in der Realität nicht akzeptabel wären. Wir können auch Beziehungen aufbauen, in denen keine*r unter Druck gesetzt wird, etwas zu tun, worauf jemand keine Lust hat.

Don't dream it ...

SEX ALS PERSÖNLICHE/ POLITISCHE PRAXIS BETRACHTEN

Die Fähigkeiten, die wir entwickeln, wenn wir Sex neu denken, können zur persönlichen und politischen Transformation beitragen.

Ich versuche, normative Skripte und Vorstellungen von ›Erfolg‹ behutsam in Frage zu stellen, wo immer ich sie sehe. In meiner Community hat es sich als hilfreich erwiesen, nicht immer nur auf ein Ziel hinzuarbeiten, sondern dafür zu sorgen, dass der Prozess für alle funktioniert.
Ich habe erkannt, dass es für guten Sex wichtig ist, wirklich bei mir selbst und anderen Menschen zu sein. Das beim Sex zu praktizieren, hat mir geholfen, auch im Rest meines Lebens präsenter zu sein. Ich erlebe wirklich, was gerade passiert, und höre anderen Menschen viel besser zu.
Mit meiner Community zu reden hat mir geholfen, zu verstehen, wie Unterdrückung und Scham funktionieren. Ich versuche jetzt, mehr über solche Unterdrückungen zu erfahren, die über meine persönlichen Erfahrungen hinausgehen, und andere darüber aufzuklären, dass kein Leben, kein Körper und kein Bedürfnis an sich mehr oder weniger wertvoll ist als andere.
Was ich über meine Bedürfnisse und Grenzen gelernt habe, um einvernehmlichen Sex zu gewährleisten, hat mir geholfen, meine Bedürfnisse und Grenzen in anderen Lebensbereichen wahrzunehmen und auszudrücken und andere zu ermutigen, das ebenfalls zu tun.

ZUSÄTZLICHE RESSOURCEN

Bei der Erstellung dieses Buches haben wir auf einige wichtige Ressourcen zurückgegriffen:

- McCann, C. (2018). All You Need to Know... Sexuality. London: Connel Publishing.
- Mottier, V. (2008). Sexuality: A Very Short Introduction. Oxford: Oxford University Press.
- Barker, M-J. (2018). The Psychology of Sex. London: Routledge and Psychology Press.
- Weeks, J. (2003). Sexuality. London: Routledge.
- Smith, C., Atwood, F., Egan, R. D. & McNair, B. (Eds.) (2017). Routledge Companion to Media, Sex and Sexuality. London: Routledge.
- Johnson, K. (2015). Sexuality: A Psychosocial Manifesto. Cambridge: Polity Press.
- Jackson, S. & Scott, S. (2010). Theorizing Sexuality. Maidenhead: Open University Press.
- Lister, K. (2019). A Curious History of Sex. London: Unbound.
- Peakman, J. (2013). The Pleasure's All Mine. London: Reaktion Books.
- Fucked zine: fuckedzine.tumblr.com
- Chen, C. I., Dulani, J., & Piepzna-Samarasinha, L. L. (Eds.). (2011). The revolution starts at home. Brooklyn, NY: South End Press.
- Transform harm: transformharm.org
- Building accountable communities: survivedandpunished.org
- The Sexualization Report: thesexualizationreport.wordpress.com
- Berila, B. (2016). Integrating Mindfulness into Anti-Oppression Pedagogy. London: Routledge

Wir haben so viele Schriften von Sexualtheoretiker*innen und -aktivist*innen wie möglich im Buch erwähnt, damit Ihr sie nachschlagen könnt; zwei klassische Aufsätze, die wir am meisten lieben, sind:

- Lorde, A. (1984). The uses of the erotic: The erotic as power. In: A. Lorde (2012). Sister outsider: Essays and speeches. Berkeley, CA: Crossing Press.
- Rubin, G. (1984). Thinking sex: Notes for a radical theory of the politics of sexuality. In G. Rubin (2012). Deviations: A Gayle Rubin Reader. Durham, NC: Duke University Press.

Die folgenden Bücher und Websites sind hervorragend, wenn es euch darum geht, mehr über Sex und Sexualität in Eurem Alltag nachzudenken:

- Barker, M-J. & Hancock, J. (2017). Enjoy sex (How, when and if you want to). London: Icon Books.
- Barker, M-J. & Iantaffi, A. (2021). How to Understand Your Sexuality. London: JKP.
- Hancock, J. (2021). Can we talk about consent? London: Frances Lincoln.
- Moen, E. (2016). Oh joy sex toy. Portland, OR: Oni Press.
- Perry, F. (2019). How to have feminist sex. London: Penguin.
- Morin, J. (1995). The erotic mind. London: Headline.

Und schaut Euch die Zines, Podcasts und Beiträge über Sex und Sexualität auf Meg-Johns Website rewriting-the-rules.com an.

Schließlich gibt es mehrere Icon Bücher, die das in diesem Buch behandelte Thema vertiefen. Schaut Euch unsere illustrierten Leitfäden zu *Queer (Unrast), Gender (Unrast), Foucault, Feminismus, kritischer Theorie* und *Kulturwissenschaften* an.

DANKSAGUNGEN

Meg-John möchte Kiera Jamison, Jules Scheele, H. Howitt, Justin Hancock, Eleanor Janega, Alex Iantaffi, Nina Burrowes und Cynthia Ellis für all ihre Hilfe und Unterstützung bei der Erstellung dieses Buches danken.

Jules möchte Adrian May für all die Ermutigung, Unterstützung, Geduld, Freundlichkeit und den Tee danken. Ohne dich hätte ich dieses Jahr nicht überstanden.

BIOGRAFIEN

Meg-John Barker hat zahlreiche populäre Bücher über Sex, Gender und Beziehungen verfasst, darunter *Queer – Eine illustrierte Geschichte* und *Gender – Ein illustrierter Leitfaden* (mit Jules Scheele, auf Deutsch erschienen im Unrast Verlag), *How To Understand Your Gender und Life Isn't Binary* (mit Alex Iantaffi), *Enjoy Sex (How, When, and IF You Want To)* (mit Justin Hancock), *Rewriting the Rules*, und *The Psychology of Sex*. Außerdem hat Barker zahlreiche Bücher, Artikel, Kapitel und Berichte für Wissenschaftler und Berater*innen verfasst, die sich auf Barkers eigene Forschung und therapeutische Praxis in diesen Bereichen stützen. Meg-John Barker bloggt und podcastet über diese Themen auf rewriting-the-rules.com und megjohnandjustin.com und steht für Vorträge, Workshops und Schreibberatungen zur Verfügung.

Twitter: @megjohnbarker.

Jules Scheele ist nicht-binäre Illustrator*in, und hat sich auf grafisches Storytelling und Illustrationen spezialisiert, die komplexe Konzepte übersetzen und ihnen eine lebendige Note verleihen. Scheeles Kunst und Comics konzentrieren sich stark auf psychische Gesundheit, Queerness, Aktivismus und Gemeinschaft. Zu Scheeles bisherigen Kunden zählen *The Scottish Books Trust, The Guardian, Image Comics, Dark Horse Books, Routledge, International Progressive Review, Edinburgh International Television Festival, Kerrang!, BBC, Open University, Close Up Research, NHS* und *Scottish Political Archive*. Von 2014-18 leitete Jules *One Beat Zines*, ein feministisches Zine-Kollektiv und -Vertrieb. Außerdem ist Scheele Mitorganisator*in des *Ghost Comics Festival* in Glasgow, bei dem unabhängige und alternative Comic-Künstler*innen vorgestellt werden.

Twitter: @julesscheele.

Instagram: @julesscheeleillustration.

Meg-John Barker & Jules Scheele

Gender

Eine illustrierte Einführung

aus dem Englischen von Emilia Gagalski

184 Seiten | 16,80 Euro | ISBN 978-3-89771-334-5

Gender – Eine illustrierte Einführung beginnt mit einer Untersuchung der historischen Gründe für unsere Wahrnehmung der Geschlechter(rollen). In diesem einzigartigen illustrierten Leitfaden zeichnen Meg-John Barker und Jules Scheele die sich in Raum und Zeit verändernden Verständnisse von Geschlechter(rollen) nach – von Ideen über Männlich- und Weiblichkeit zu Nicht-Binarität und Trans-Gender bis hin zu intersektionalen Erfahrungen von Geschlecht, Race, Sexualität, Klasse, Behinderung und mehr.

Bezug nehmend auf aktuelle Debatten und Herausforderungen, die Gemeinschaften spalten und sogar Leben kosten, schauen Barker und Scheele auf die Vergangenheit und die Zukunft, um herauszufinden, wie wir liebevoller und anerkennender mit Geschlechtsidentitäten umgehen können.

Jules Scheele & Meg-John Barker

Queer

Eine illustrierte Geschichte

aus dem Englischen von Jen Theodor

3. Auflage
184 Seiten | 16,80 Euro | ISBN 978-3-89771-311-6

Charaktere aus verschiedenen Welten – Pop-Kultur, Film, Aktivismus, Wissenschaft – führen die Leser*innen durch diesen Sach-Comic und stellen Ideen, Menschen und Ereignisse vor, die die Queer-Theorie geformt haben. Es geht um Identitätspolitik und Geschlechterrollen, Privilegien und Exklusion.
Queer erläutert, wie wir dazu kamen, sex, gender und Sexualität so zu sehen, wie wir es heute tun, und stellt heraus, wie diese Ideen mit unserem Verständnis von Biologie, Psychologie und Sexualwissenschaft verbunden sind.

Gezeigt wird auch, wie diese Perspektiven immer wieder bestritten und herausgefordert wurden.

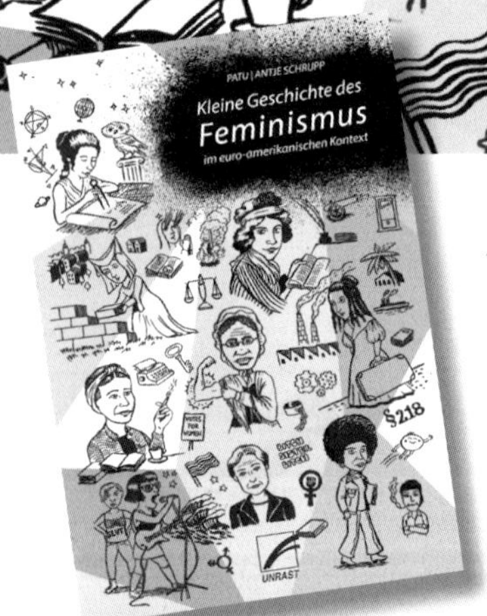

Antje Schrupp & Patu

Kleine Geschichte des Feminismus

im euro-amerikanischen Kontext

5. Auflage

88 Seiten | 9.80 Euro | ISBN 978-3-89771-314-7

Philosophinnen, Rebellinnen, Aktivistinnen: Dieser Comic erzählt die Geschichte des Feminismus im euro-amerikanischen Kontext von der Antike bis heute. Vorgestellt werden dabei nicht nur einzelne Feministinnen, sondern auch wichtige feministische Debatten, zum Beispiel über gleiche Rechte, Hausarbeit, freie Liebe, Gleichheit und Differenz oder Gendermainstreaming, in ihrem jeweiligen historischen Kontext.

»Ein äußerst empfehlenswertes Werk, um sich in kurzer Zeit einen Überblick über feministische Herstory zu verschaffen und dabei noch durch geniale Zeichnungen und Textblasen gut unterhalten zu werden.«

Tina Schulze, Missy Magazine